Adrian Grauenfels

În vizită la Ussais

I - Ultimul Text la Kyoto
II - Teatru Scurt
III - Ambrozia Dialogului Decadent
(Discuţii cu Tibick Indrikova)
IV- În vizită la Ussais

Ediţia II-a

Israel - 2017

EDITURA SAGA

În vizită la Ussais

Ilustraţia copertei: Miriam Gamburd

Desene: Ion Vincent Danu

Logo Design: Sash Segal

ISBN : 978-1-387-27245-7

Adrian Grauenfels

În vizită la Ussais

Această carte este dedicată Margăi
cea care produce:
Visele, Zâmbetul,
Râsul, Spuma zilelor,
Miezul lucrurilor care ne învăluie...
Soţia mea,
cea mai dragă prietenă.

Email: gadrian40@gmail.com

I

Ultimul text la Kyoto

Ultimul text la Kyoto

Cele două gheişe intrară în urbea Kyoto exact la ora în care cucii imperiali se duceau la culcare, făcând loc altor păsări pline de ciudăţenii formale, purtând uniforme serigrafiate cu pana unei colege sacrificate, aleasă prin sorţi aleatorici speciali pentru extrapolarea orgoliilor unor funcţionari mărunţi ce tropăiau în mătăsuri înflorate la uşa superiorilor influenţiali, aşteptând favoruri şi acareturi, după cum performau în luptele de dincolo de islaz.

Gheişele purtau povara post-feminităţii în coşuri de orez, împleticind mersul lor legănat cu brazdele abstracte trasate cu linia de bambus pe planuri emoţional sobre. Sufereau amândouă de hipotensiune căci nu credeau în iubire şi nici compasiune nu prea aveau, deşi doctorul oficial le-o căuta în urina limpede, culeasă diurn, cu mult înainte de venirea amanţilor gălăgioşi. Incapacitatea de a exprima emoţii, împreună cu obsesia perfecţionistă a scrisului cu pana de gâscă indicau mari nelegiuiri comise într-o viaţă anterioară. Spre rămăşiţele serii, obosite şi pline de praf, cele două doamne fură primite cu plecăciuni ce ţâşneau cristaline din evantaiul brodat al şambelanului de gardă. Concursul începu fără un termen anume, dar se cerea scrisul de poezie fără încetare. La lumina lumânărilor de seu femeile în chimonouri brodate, înarmate cu sabia inspiraţiei se aşternură pe scris versuri. Mâini delicate caligrafiau febril toate poveştile, toate catrenele posibile, epigramele în haikometri, tokomanii spirituale, yakuze de o frumuseţe sublimă. Spre zori au fost găsite moarte de epuizare cu degetele roase până la sânge, îngropate sub mii de foi de papirus mărunt caligrafiate cu tot ce se putea scrie vreodată. Nu mai rămase nimic de inventat decât această umilă adunare de texte, scăpate din vedere, ultimele...

***

Casa de gheişe Ozuma

Au înflorit cireşii peste dealuri,
bucuria mă face să-ţi scriu un răvaş
caligrafiat cu făcături de suflet:

urmăresc cum stai nemişcată
în luciul chimonoului albastru,
cu ochiul migdalat peste paravanul de orez
privind luptele sumo epuizante,
risipa evantaiului de sare.
mă întrebi despre călătorii în timp,
despre Mitsuke care plânge în grădină
tristeţea sinuciderii unui samurai
mereu amânată,
adulterul concubinelor,
cerceafurile scrobite de orez,
aşteptările lungi, pudratele
domnişoare Takajiro
şi atunci am zărit pentru prima oară
cum umbra ta subtilă...

(subiectul unei picturi cu chenar alb/desculţă tu,
în imperiala veche/mai pură decât somnul de
fecioară/nereuşind să-l dormi/de prea multă lumină
prelinsă din dulapuri doldora de amintiri)

... se ridică volatilă
peste apusul iernii noastre.

Corb orb

Uite cum stai cu mine:
am pătruns în tine ca un strigăt de probă
să explorez câmpul tău magnetic

*

Stăm pe o piatră clocotită,
năvăleşte aerul înserării în nări,
gustul tău e amestecat cu nisip.

*

Unde fugi? Văd cum îţi aleargă toate gândurile pe caldarâm,
ca mercurul pe o corabie înclinată.

*

Tu cauţi alte femei, acelea cu eşarfe de mătase, vopsite
în culori adunate în zilele de zbucium.

*

Azi ai pas hotărât, de bărbat, nu de moluscă,
cu tălpi tropăind echerul tablei de şah.
Să îmi aduci ceva dulce!

*

Urmele nu lasă decât urme în umbre.
Sfârşeala însă muşcă din trup agilă.

Pescar sfredelit de sirene,
măcar te meritau nebunele?
*

Te aud dureros de clar :
eşti fericit când urci o scară.

*
Când vii la mine în zori eşti curat?
Doar Luna spală printre norii de ploaie.

*
Iatacul meu este o orangerie de plante puse la iernat.
Să nu uiţi să îmi uzi cactusul mort.

*
Noaptea zăpada e mai înaltă,
visez în frig fantome fără haine, încălzeşte-mă !

*
Sunt absentă azi, mă rătăcesc în apnee,
a venit poştaşul, e un corb orb.

*
Mi se făcuse o infinită lehamite.
Verific, nu eram eu...

Patru mişcări nonelastice

1

A sfâşiat pelerina
ploaia
m-a scos goală văpaie
alergam pe tine
ca boabe de struguri după cules
şi se vedea lumina
clipe rubinii
tresăreau în noi
gustul mâinilor
împărţit
pe fiecare parte dulce amară
scriam cu degete de lut
despletite trăiri
foarte albastru
foarte flacără
foarte sete
foarte izvor

2

lac secat
goarna poştaşului
sunet gri

3

prelungul căruţelor
ghemuite speriate
la poarta burgului
ruginitul şuier de tractoare
un copil fără clipe
de rezervă
aleargă paralelul sincopat al burlanelor
trecea prin păduri înalte fără cer
din urmă îl ajungea bătrâneţea

4

fierăstrăul taie Roma desen agresiv
bulgărul introvert salată ermetică
banalul gard galben de tot
cortexul comediei guvern vot nul
ciudate lucruri merg
înapoi ca un sac cu porci festivi
viaţa după colţ
Jump !
rădăcina pătrată e tare şireată
nudă, roasă de melci...

Anul trecut la Avignon

În vara aceea la Avignon papii erau mai înalţi,
podul se curma brusc, ne îmbia cu săritura.
În piaţa mare se dansau alte dansuri.
Pius ceru să fie alambicat într-o zi de sâmbătă.
Veneau pictori sub umbrele, ploaia.
Femeile găteau în tingiri, flamuri
Niciunde nu găseam seninul, ciuma pretutindeni,
apoi cernite tristele, cruciade.
Iedera tăcea în clopotniţe,
peste acoperişuri spaime de ev mediu,
în catedrală nimeni...

În vizită la Ussais

Peştele cu Periscop

Ancilarele, incunabilele, letopiseţele
povestesc de insula de hârtie anagama.
Jocurile simţurilor noastre, subtil ancorate în alge.
Insulă decrepită, nevertebrate făpturi
sfâşie din noi ascunsele branhii de aer.
Chemarea e în mesajul sticlei.
Orătănii amfibii fac semne despre corăbii luminiscente,
dirijabile albastre, duhori nisipoase,
scrijelite pe marginea dunei.
Peştele de pe catarguri, cântă compasul, timona,
vuietul la marginea apelor, înlănţuirea Promezeului.
Şi nu, nu era briza, nu, doar un şuvoi de decuvinte,
erodate de valuri, visând salvarea...
Ai pornit maşina de mâzgălit verbe pe nisip:

a da de drum
a vorbi vorbire
a despleti flori
a frânge frica
jenetaimepas
? eşti sigură ?
pas du tout !

Atunci, am demontat periscopul...

Asino Cotto

Cine să fie flămândul care traversează grăbit Transtevere culegând de pe statui praful meteoriţilor?
Cine e oare femeia în negru duminical călărind o bicicletă fără cadru spre o spovedanie secretă? Oare vezi soldatul din cazarma de pe Via Adriano deprins cu săruturile morţii cum îşi şterge sabia înmuiată în roua dimineţii?
Stalactitele vremii cern în piaţa Campidoglio umbre, străinul, nomad prin vestigiile unui imperiu stins, caută drumul emulat pe partea dulce-amară a fântânii Trevi, evitând disputa gălăgioasă a marinarilor, furia cuţitelor ivite la o ceartă legată de cine ştie ce pariuri puse din plictis, în căutarea cănii de vin, potirul cu gust de otravă tânără, căderile în vid după atâta şi atâta revelaţie a adevărului estetic, abisul privirilor în scrumieră, aşteptarea unui altceva de la gladiatorii cu soartă eternă, dormind în morminte fără glorie. E nevoie de-o iluminare, zici, cu care să ne tatuăm igrasia pielii, neîncrederile, viciile caligrafiate între coapsele unei femei pe care doreşti să o cunoşti, să-i cercetezi frumuseţea cumpărată la magazinul D&G.

Dar ştii că nimic nu se va întâmpla în această zi de banală reverie, din inerţia unei infertile jene care ne călăuzeşte trecerea dintr-o frecvenţă tânără în mlaştina decrepită cu iz de cataplasmă, cât un plâns castrat, murmurat la operă, stând în picioare, pe vârfuri, ca să auzi mai bine aria Io non fa l'amore, ştergându-ţi obrazul, lacrima de sfârşit de viaţă, fluturând despărţirea de o tinereţe plan de speranţe, cu dodecafonice proiecţii, planuri schiţate pe cărbunele efemerului, entuziasmul sufocat de transparenţa întâmplărilor, stări de neputinţă ivorie, amintiri pe care le-ai scrie pe spinarea furnicilor ce îţi năpădesc ochii, erodând eşafodul. Dar chelnerul de la Asino Cotto îţi aduce supa elastică în care pluteşte farmecul nopţii ca un rinichi de senator ucis în forum şi zice obosit in seara răguşită, târzie:

- Che ti dice la nostra Roma, signore ?

Mâinile Margăi

În vremuri de război
întregul pare ireal
lutul defidă spaţiul ciuruit de flăcari
cauţi grădina Zen în care să mă poţi ascunde
în contemplare

Ai plămadit un trup de femeie
un chip de pus la vedere
îmi mângăie ochiul
vestigiu dăruit timpului
patina lui antică liniştitoare

Arta ta îmi arde palmele
Căldura vine dedinlăuntru
uneori ai degetele tăiate
de lupta cu materia-gând
iar gândul e o rană

Cuptorul tău împrăştie unde fierbinţi
el coace înăuntru eternitate
ceramica e proiecţia ta în viitor
amprentele tale vor delecta anticarii viitorului
de undeva din trecut zâmbeşti urmaşilor
restul sunt, doar cioburi..

Odessa

Dormeam amândoi cu ciorapii încordaţi la culme.
era o vreme crudă, fără anotimpuri.
joi
tu croşetai serile dintr-o revistă de modă,
aşteptând un nepot, apoi o nuntă legală
cu flori false de plastic.
nimic nu se potrivea în negativul pozei
uitată pe un scrin lăcuit.
prea mult mov,
prea multă vrajbă.
ai luat un pumn de vise,
o cană plină cu regrete,
m-ai acoperit grijulie cu pătura de cal de păr
şi te-ai dus în bucătaria fabricii,
în vârfurile degetelor de la picioare
(evitând treptele 7-8 sparte)
să pregăteşti o ciorbă de doruri
imposibile de rumegat.

Pe Bulevard

Monsieur Dutronq
exportator de democraţie
rezemat de un oblon putred
pe marea arteră a unui larg bulevard
plin de bivalente promisiuni sociale
şi-a cumpărat o ediţie de lux
a unui almanah anticarial
oferit de o vânzătoare analfabetă
ce i se ivise în vis
atât de chipeşă
şi atât de nurlie
că o ceru pe loc de nevastă
fără să verifice sărmanul
(măcar o stanţă vie)
dacă versuri pe de rost
madame Dutronq
mireasa-i căzută cu tronc
ştie...

Facerea lumii

Aş vrea să te îndrăgosteşti de mine,
să alergi desculţă după umbra mea decolorată
prin ascensoare cu miros de răşină,
să mă cauţi printre jucăriile copilăriei tale,
să mă găseşti ascuns în paravanul după care
te dezbraci de gânduri limpezi,
să putem lua un tramvai în lumina solară
presărând miraje la staţiile cu bănci de lemn
pe care se sărută toţi trecătorii
înmugurind,
ascultând în căşti
discursuri despre facerea lumii
din nou...

Aristo gol puşcă

Aristo se întâlnea cu Erato pe furiş,
nimic nu stătea în calea lor,
nici muşuroaiele de furnici,
nici ţipătul strident al ciumaţilor de la dracu-n praznic.
Lumea devenise o spinare de cal onest,
cârtiţe mici le aduceau stridii învelite în alge catifelate.

Erato cânta pentru el la lira-liră:
En-den-di-no
so-fa-la-catino
So-fa-la-katina toc
eli eli boc !

Rumegau lemn. Oglinzile paralele nu arătau nimic.
Scoicile se umpleau cu dorul condamnaţilor la uitare.

Aristo pictă pe corăbii ideograme cu scene sărate,
erau fericiţi în nemişcare, melcii mişunau pe ei
ca pe soclul statuii lui Platon cea cotropită de
meduze moi în contumacia gândurilor.
Balizele luminau poteci pentru scoici amorezate.

Într-o zi, căzu un asteroid în curtea vecină, cu zgomot de
ciob-zdrob. Erato scrise o erată cu care se salvă în subsolul
textului. Aristo culese nedumerite cioburi de meteor înfipte
în trupul său, oricum le număra ieşeau doar răni impare.
Se dezbrăcă gol puşcă.
Începu să caute stele în părul lui Erato.

Nostalgia

Ce cuvânt frumos nostalgia...
e derivat din nevralgia care vine din franţuzescul
deraiaj care vine din germanul fucxfermachtghespil.
Acum că visăm amândoi pe muchie de prăpastie te leg
de căniţa de tablă spoită de ţiganii nomazi din stepă,
aşa vei putea regurgita nestingherită fără să uzi epidiascopul. Îţi fac proiecţii cu vise, încep cu un vis feroviar, soldaţi în gară şi colonelul în izmene, beat mort, cântă fals trăiască patria. Revoluţia degenerează ablativ în ritmul unui marş vesel cu fanfara gata de dezertare. În alt vis eşti o zeiţă verde şi eu un cal docil. Mă călăreşti exuberantă cu o eleganţă perfectă, iar eu mă înroşesc simţind sexul tău fierbinte lipit de spinarea mea transpirată. Capăt desigur fîn exquisit şi bucăţele de zahăr de la Capşa, dar nu pot să ascund emoţia acestui vis erotic. Îl visez mereu schimbând caleidoscopul, culorile, ba verde, ba roz.
În ultimul vis devin agresiv şi despotic. Mă las depeizat de o ţară în care trăiesc doar femei cu un singur sân. Bărbaţii au un singur penis, atrofiat de prea mult uz. Un putch stupid mă determină să emigrez din patul meu în patul tău. Te caut cu mâna în somn, eşti umedă şi primitoare. Zâmbeşti, te gâdilă atingerea mea poetic-senilă.Îmi oferi graţios ventricolul şi păpădia de gardă.

În vizită la Ussais

Fumăm. Căscăm. Uneori furăm timp şi ne ascundem jenaţi ca doi vechi prieteni. Îmi vine să-mi vomit viaţa şi tu îmi întinzi căniţa ta de tablă cu cel mai nostalgic şi tandru gest pe care mi-l pot aducea aminte...

Libertango

Să zicem că ne aflăm la Buenos Aires...
Să zicem că ai câteva clipe libere, intri la Cafe Intim, unde timp de 3 minute, timpul unui tango la bandeon, poţi dansa cu o femeie străină făcând ce vrei cu ea. Alegi la întâmplare o brunetă, e deja în braţele tale, o simţi caldă şi transpirată, pe tocuri de lac lucios, glezne fine fragile, miroase a ţigară, a parfum Chloe şi sudoare de cal tânăr, dar piruetele ei te duc ameţitor înapoi în tinereţe, acasă la bunicul care cobora scările pivniţei să scoată butelia de Amontillado în timp ce bunica suduia muştele înecate în supa duminicală şi tu râdeai de fata vecinilor care se ridicase pe vârfuri să te vadă prin geamul afumat al bucătăriei de provincie curioasă. Îi făceai cu ochiul tău şmecher de băiat snob de oraş, cu educaţie şi ceas Doxa, că doar citiseşi Kafka, îţi pierdeai ore la licitaţii căutând tablouri cu naivii la modă, dar ea se ruşina şi fugea să se ascundă în căpiţele ciuruite de ciorile verii emulând sperietoarea flendruită ca să nu vii după ea în tăvălire cu muşcături nebune de gât printr-un act de neplătită dragoste. Dar uite, ai călcat neatent partenera pe picioare şi realizezi că e o crimă să pierzi Libertangoul lui Piazzola, o priveşti fugar în ochii verzi adânci în care alunecă fluxul, derulata copilărie a unei tinere abandonată la marginea unei mări şi ea ridicată pe vârfuri, vine la ureche ta ca să îţi şoptească timid:

În vizită la Ussais

Îmi arăţi locul unde începe ploaia?
Aduni în palme vuietul de gardenii
sumar înveşmântate-n rouă ?
Mă ungi cu absenţe de vapoare,
răsfoind harta naufragiilor ?
Te ascult, mă nărui
picior peste picior
în caruselul tău de amintiri, marinarule...

Poem interbelic cu Luck

candoarea ta mima enigme
un fel de-a întreba răspunsuri
şedeam pe coşuri între fructe
şi refulam zadarnic lupte

reţetele cu gust amar, inerte
păreri de rău scrise pe umbre
paşi mici pe coridor, incerte
sub flamuri arse... luntre... punte

tu pui pariu, pe-un cal mai copt
că scoţi din vinul cănii, un ochi mort
ce dulce chiot...
mânz abstract
prin fumul vag, cernut de palmă
cu-o reverenţă lungă, largă
un zâmbet nud, splendidă toamnă...

din nou război, lipseşte apa dură
în coş tăcute flori şi-un măr ucis de-o bombă
tu-mi ceri melci virtuali, eu iau o gumă-n gură
şi scot dulăul Luck l-amuşinata-i rondă…

... şi aşa stăm la gard, tu, eu, Luck
potrivind rime, aşteptând pacea...

Pavană pentru o infantă moartă

Pe o muzică de Ravel

...Atunci văzui infanta.
Era întinsă pe catifea verde între flori de lotus culese de grădinari tineri în parcul înconjurat de lacuri sărate.
Ce bucurie să o văd în sfârşit moartă, eliberată de iubiri incestuoase, avea pe buze zâmbetul unui sărut pentru caii albi priponiţi în curte, stăpâna zicea că e anul în care caii zboară jos peste ocean căutând un loc să doarmă, dar foşnetul morţii ei colosale nu ne lăsa sa ne odihnim.
Infanta ridicată în capul oaselor căuta cu privirea cupa de vin otrăvit din mâna stăpânei...
O... cum doreai ultimele mângâieri ale unui bărbat în ceaţa dimineţii, ascultai muzica ce venea de departe, din bucătăria afumată, plină de soldaţi grosolani povestind aceleaşi bătălii, mustind din cicatrici purulente, repetând numele femeilor violate, treceai printre ei mândră că ai murit atât de tânără, nebăgată în seamă, atât de repede uitată, absolvită de dizgraţia bătrâneţii. Doamne, ce frumoasă erai în albastrul mătăsurilor spaniole, fardată delicat ca pentru o nuntă amânată, însoţită graţios de trei samurai, o duzină de roze pe pian şi o scrisoare nedeschisă anunţând un mare naufragiu! Te-ai aşezat din nou în patul mortuar, ai pornit patefonul bunicului Ravel care zumzăia hârâind pavane pentru infante moarte de bună voie...

Essbjorn Svenson Trio

Jazz Solo

Sigur că o să locuiesc în tine,
între cercel şi senatorul tău papuc de casă
ca un magellan inconsistent încolăcit la gâtul
tău lung de artistă de cinema.
(în timpul filmărilor îţi voi da sfaturi de regie şi tact)
Essbjorn jazzistul o să ne aducă cafele.
Hai zic, să stăm aşezaţi pe lada de zestre
pe care scrie Miles Davis
Eşti curioasă să o deschizi, dar am pus un lacăt în formă de
ciubăr dinamic, plin cu bilete de dragoste întoarse pe dos.
Trebuie neapărat citite.
Vrei cheia sol !
Eu vreau libertate !
Mă laşi să îţi suflu în ureche
şi să te caut seara între perne moi, electrice.
Nu găsesc nimic decât o pisică îmbrăcată-n negru-
somnolent.
Iar ai visat? mă strigi de la etaj…
Îl văd pe Essbjorn cum îşi trage pantalonii sufletului în
grabă şi mă întorc cu faţa spre peretele dinspre sud.
Aştept liniştit faza trompetei cu sunetul grav de corabie...

Femei mici

Fericirea e când se face ora 17.
plec grăbit spre casă,
pe drum mă opreşte o femeie în alb
pot să urc? zice tremurând de frigul verii.
desigur zic, deschizându-i larg portiera
şi mă fac că nu observ că nu are trup,
doar umbra lui, incertă, verde
şi o aură de alge transparente,
o biata înecată
care nu-şi găseşte locul,
nici apele în care să se scufunde cu sufletul.
din ziua în care iubitul i-a plecat la război
bântuie catedralele, parcurile pustii, şoselele bătute

de oameni mici
în maşini mici
cu vise mici
avizi de fericiri mici
de femei mici
de femei de aer
de femei...

Să nu o uit pe Chloé

Aleph

Şopot de tropot
Cai mici pe masa mea de lucru
Calisto, destin 3/5 cambrat
Distructivism - ctitorul era mut

În vizită la Ussais

Modificarea tensiunii virtuale pe câmpul de păpădii uscate
Geamăt de libelule torturate
Miramar, buimacă în diminețile de joi
Eu necăutând, tu obosită?
Sub far la Amalfi, lumina e oblică
Mai am țigări? Oare fumez?
Lupi tineri mușcându-mă de glezne
Să nu o uit pe Chloé...

Beth

Ştii, când eram copil vroiam să dorm în pat cu femei, să îmi iau jucăriile şi să mă cufund între sâni calzi şi primitori cu gust de lapte. Mătuşa Chloé mă îmbia cu combinezonul ei mătăsos, plin de muşcături, se făcea imediat vânătă biata de la bărbaţii care o tăvăleau prin existenţă, cred că era bună la pat, prea punea mult ruj şi fard negru în fapte banale.
Mirajul unor iubiri formale, folosea schema 2 pe la spate, avea pantofi înalţi până la cer unde eu nu ajungeam nici pe vârfuri, sutien cu perlă în centrul sfârc.
Acum îmi spui să gust din tine, să îmi uit istoria şi străbunii, cică să te prefer melc fără cochilie, zici că ştii ce am nevoie, deşi nu mi-ai copt plăcinte cu bileţele de noroc înăuntru. Mi se opresc între dinţi rechini cu priviri fleşcăşite, am un nod în gâtul meu avid de iubiri vechi, in vitro.

În vizită la Ussais

Rumeg soarta cu mestecături mici, bine înghiţite, îmi şterg o lacrimă în formă de crocodil.

Ghimel

Notez:
să nu o uit pe Chloé...

În aşteptarea lui Rameau

- crezi că o să vină?
- de ce să nu vină? arhontele a zis că e pe drum.
- nu ştiu, păunii zboară cam jos azi, e un semn de durere.
- o durere ca un ac în splină?
- mai curând seamănă a întâlnire. Stai în vitrină, la Café de Flore şi o aştepţi, trec mii de femei frumoase cu o vulgaritate bine definită, cu iz de Chanel, ciorapii mulaţi pe schelet până la locul pe care îl bănuim oferit generos altuia. de aceea oftăm cu o jale gelo-somatică. Asta e durere, eu o numesc eanuvinesindrom.
- dar el, el de ce nu vine? a promis, a făcut piruete, a sărutat larii şi penaţii, unde e bastardul?
- e un tip infect, îţi spun, chiar şi basca lui pute oribil.
- da! o momâie, un gunoi!
- precis că e incult şi orgolios, perversul.
- ba e de un existenţialism profan, l-am auzit vorbind studenţilor de la şcoala înaltă despre neant şi birocraţie tribală.
- şi el ce zicea?
- crezi că l-am ascultat? nu am ce face io, când afară clocoteşte viaţa cu şuncile ei atârnate afumate, cu stacanele de vin tânăr, precupeţele cu sâni miraculoşi înecaţi în boarea misterioasă a mistralului, vocativele.
- că bine zici, atunci mai aşteptăm?
- pe cine să aşteptam?

- pe Rameau senilule, crezi că o să vină?
- de ce să vină ? că doar nu plouă.
- ba da, îmi plouă în gură.
- la mine nu.
- boule !
- aaa, uite-l în zare, călare pe o scroafă de aur, dându-i bice cu enciclopedia, eu cred că vine...

II

Teatru Scurt

Rheomode

In memoria lui David Bohm (1917-1992)

Du-te, adu-mă, luminează-mă,
vânez ţi-am spus,
mă tulburi din a dormi.
visai?
nu ştiu, vorbesc, fumez acum
trăiesc, iubeam cândva
mi-a trecut, mă doare, sufăr
nu plânge, vino! zici
ne apropiem căutându-ne,
îmbrăţişează-mă vibrai
am crescut...

Teatru Scurt

Personaje: Lali, călători, trenuri

Lali Fatimah:

Stăm trei în pat
deja nu mai are sens să ne ascundem
nu mai are sens
toţi ştiu
că sub patul nostru este gara Perpignan
aşteptăm trenul albastru
să oprească
să urcăm în ultimul vagon
fără bilete

Un călător la clasa a 3-a:

...şi să dormim cât să traversăm rusia china americile
cu pantofii noştri văzuţi de sub
peste roţile trenului văzut de deasupra

Lali :

...ţi se ia respiraţia când găseşti atâta frumuseţe într-un
scandal sexual, plângem şi facem dragoste ca nişte copii
de greiere când află adevărul despre toamnă
şi despre şinele de tren care au tăiat marea în două

Un om bătrân pe peron:

E atâta frumuseţe în ceea ce am uitat, am uitat şi nu ne mai amintim.

Lali:

...dar ceva ne trage mâna în mână
ca trei morţi împletiţi într-un sicriu
auzim locomotiva şuierând
am iubit şi pe peron ca în ger ne grăbim un pic

Un alt călător (cu pijama cadrilată):

mă culc seara cu nevasta în stânga
citeşte o carte cu titlu franţuzesc, lumină mică de bordel...

Călătorul:

te chem Lali Fatimah să iei locul de lângă mine, în dreapta
e mult prea multă libertate.

Lali:

...ne putem giuguli, călătoarea cu glugă nu o să ne bage în seamă, e în braţele unui cavaler desenat pe copertă,
dar ne putem lipi unul de celălalt. Tu să nu faci zgomot, e doar o noapte cu licurici astrali din neon şi marţipan

Călătorul:

Te strâng la un loc, te pun în ordine semantică
tu vrei să stai acoperită, cu buzunarele pijamalei îndesate
cu nuci, rechizitele unei lupte cu păpuşi pline de lichid
amniotic, 3/4 tărâţe

Regizorul:

puneţi frunze de banane rulate covor sub ăştia doi !

Călătorul:

dragostea nu este o simplă hoţie ca un lolipop cu gust de
petrecere la sfârşit de liceu

Lali:

uite, am deranjat-o cu sforăiturile noastre de fiare în
călduri
concubini cu boturi umede

Călătorul:

hai ascunde-te sub banchetă Lali
trenul din nori trebuie să oprească uneori şi pentru tine

Lali: cobor...

Viva la Vida

Realul devenit Virtual

JOI

Ce frumos îmi scrii dragă ciupercă nucleară
ca o nimfă violată în somn
care nu ştie dacă e vis sau realitate
când ploaia bate în geam să intre în patul tău ferbinte
vântul aduce adierea unor clipe netrăite
un murg mai paşte lumina lunii
rumegând din stele gust de femeie
într-o obişnuită zi de lucru
să numărăm statuile jignite
jefuite de privirea noastră nudă
doar perna ta mai suspină visul...
singurătatea...

EL: Cât de frumos...
EA: Nu există frumos!
EL: E oribil!
EA: Dar e frumos...
EL: Nu există frumos!

AUGUST

ştii de ce mă întorc în vama veche? pentru că mi se pare fantastic să trăieşti lângă o vamă şi o mare.

SOMN

singurătatea curge numai în fabrica de vise
unde ambalajul aruncat pe podea
a vărsat visul unei nebune hăituite de priviri.
libelulă albastră străbătută de sânge verde
mestec plictisită un păianjen-mascul în faţa tv-ului din
camera de zi. de talpă mi s-a lipit o sămânţă cleioasă de
pepene, şchiopătez până în faţa oglinzii.
mai ştii ce i-ai spus când a plecat înspre junglă?
dacă vezi o orhidee sărut-o din partea mea.
noapte bună muncitori comunişti din tura de noapte.
noapte bună bărbaţi lipiţi de ecranul tv-ului de după miezul
noptii care mai păstrează încă amprenta unui deget de copil
mângâind-o pe sailor moon.
noapte bună femei încătuşate de propria fustă.
voi deschide acest seif imposibil - te ameninţ să mă adormi
înainte de a face aceasta.
spune-mi noapte bună şi aruncă-mă în temniţa lui morfeu.

REVOLUŢIE

Recunosc că e sublim ce spui.
un fel de briză cu miros de praf de puşcă vine de la tine,
Indrikova
vrăjitoara din Cluj.
pot să te strig pe numele tău secret de gelsomina?
exaltarea ta mă ridică în sus.
as vrea să fiu un bilet secret, ascuns în sutienul tău negru,

să ascult bătăile inimii, între două rafale
de kalashnikov 9 mm.
mi-ar plăcea să îţi ţin steagul sus în ziua nunţii cu Che,
măcar să vă torn şampanie de roze în pahare de blană.
tu ai un zâmbet fragil de mama Tereza,
el e bărbos, ochi negri şi pipa aprinsă.
se cânta muzica lui ruben gonzales
la saxofon: johnny hodges.
vaporul urlă în port reuniunea voastră,
doi episcopi de guatemala vă cunună placid
mai au o nuntă grăbită,
cealaltă mireasă e în luna 9-a, dezmăţata.
stau încă o clipă pe gard, admirându-vă tinereţea.
oare cum vei fi peste 20 de ani?
el gras cu chelie, amante trei, tu slabă şi acrită de munca
de partid. un plod strigă în spaniolă: viva cuba, papa!
dar nu-l aude nimeni: vaporul a naufragiat în santiago,
iar eu am fost uitat la mal încă înainte de a mă naşte într-o
zi de noiembrie...

MARŢI

da, Revolucion e sublim.
pot să fac rost de arme, fraţii de peste Prut îmi sunt
generoşi, mama le făcea cafea înainte să pornească vreo
revoluţie.
am deci arma cu care să lovesc un timp.
am arme ca să fac prea mult zgomot pentru auzire.
am visul, să îl şoptesc isteric de la tribuna oficială a
revoluţiei.

merg apăsat, mereu înainte,
lovind în oamenii care trec în sens opus.
o să fac tot cu zâmbetul pe buze.
o să-l sărut pe primul om ucis de mâna mea
prelungită într-o lupară moştenită de la unchiul Bugsy.
cândva, te voi ucide şi pe tine
cu otrava a ceea ce vreau eu să fac pentru lume.
o să biciuiesc popoarele să îmi zgârie creierii
şi Che, soţul meu din alte timpuri
încercând să îţi explice, călare pe soclul său din santa clara,
că nu suntem comunişti
şi tu învingand timpul la o partidă de şah,
ţinând un kalashnikov între genunchi,
îndreptat înspre gură, gata să mori
fără să fi strigat vreodată:

viva la patria
viva la muerte
viva la vida !

Oyster

coregrafie de anti balet

eu:
încerc lama toporului
nebunia mea cazonă
cortul de fină burghezie roasă cu dinţii de oţel

el:
Don Miguel de Esteban de Rosario Cruz
al doilea fiu bastard al meu cu tine, vara mea de a doua

pictată exact aşa:
roşu veneţian al unor crime premeditate
denunţul pus în urcioare mari pântecoase
aranjate spre sudul sangre cu mâinile goale

pe aici:
barca plutind toată găuri peste mlaştini putrede
verdele mătasea-broaştei

şi pe dincolo:
Dona Elvira Serena Bartolemeo Diaz
cu trei servante încă neviolate
şi trei cutii de pălării păduchioase, pline cu manifeste
mărunţişuri gablonz, explicite extrem

deschizi scoica:
stele de Bethleem, colinde surle, papuci înstelaţi cu rozetă
fină
delicateţe legată la piept sub sânul cel mai mic,
zguduită maxim
de fibrilaţiile unei inimi fierbinţi, absolut distinse

zici:
ia vezi de ce se zbate seňora
ca un colibri în azuriul de colivie
în zbor planat peste campo di popolo,
cinci zile înainte de răstignirea cu nuntaşi.

închizi scoica:
sunet spart de gong greu.

Patru telefoane cu Moniq

Lasă că vor veni vremuri roz cu păsări mari
ciugulind din nori.
noi vom sta pe burtă căutând zilele de dincolo.
ar mai fi de cerut un ac şi aţă
de ţesut amintiri, de brodat tinereţea.
maşina de cusut arde în mansardă,
bâlciul de joi s-a amânat de la sine,
nici apa nu mai curge în jos.
suntem pe altă faţă dulce a Lunii,
cineva ne-a luat scara, ne-a tăiat retragerea.
vrem să fim singuri,
mai avem doar ţigări,
abisul unei scrumiere
sparte

***

tu eşti tot poezie,
ai o valiză la mine şi o carte
şi un genunchi.
mi se pare ciudat că nu mai vine
vara în care
porneam să te întâlnesc
ca Dorothy
pozând norii

şi fiecare fundă era o bucată de ţară
pe care nimeni nu păşise înaintea mea
înaintea ta...

***

ba aş zice să deschidem valizele,
să căutam în ele memorii.
poate ne găsim îmbrăţişaţi într-o pictură
atârnată de un perete oblic
sau într-o cafenea frecând genunchii
pe sub masă a foame,
cu multe adultere comise în camera de hotel
toată albă,
toată spaimă
că nu ne vom găsi
undeva în vară adâncă

***

uneori când noaptea se luminează de ziuă
îmi dau seama cum se poate sparge ţeava minunată
prin care stelele au prins viaţă până la patul meu
şi atunci se revarsă soarele, geamurile cu vâslele lor
de mătase reflectă feliile acrişoare
ale orelor fără tine.
deschid fereastra. în camera de hotel ea citeşte.
valizele sunt aproape gata
lângă mulajul motolit în cearşaful de ipsos greu

Aristide Bruant

"Je cherche fortune
Tout autour du Chat Noir
Et au clair de la lune
A Montmartre le soir."

în spatele scărilor de lemn
se petrec mistere,
chemări pe nume de copil
cât să n-auzi vocea timidă
la capătul sunetului.
mă strigi printre buze roase,
amintiri cu care mă culci învelit
în covoare zburătoare, în paiul unor căpiţe
imaginare strivite între noi.
sunt bolnav de neputinţa de a scrie
şi-mi spui că suntem la capătul romanului
metamorfozat într-o pisică neagră
cu ochii de foie gras fosforescent

strâng la piept fotografii cu alte femei,
la întâmplare, muze atletice cu sânii
plini de lapte poetic.
în jur, vânătorii de cuvinte
din Saint Germain des Prés
jonglează cu monosilabe
dezbrăcate de orice adevăr.
îţi scriu, îndrăznesc:

rive gauche

tu treci granița spre dincolo,
corabia din insula Senei
ridică flamurile norocului
mototolite ca la o grăbită plecare...

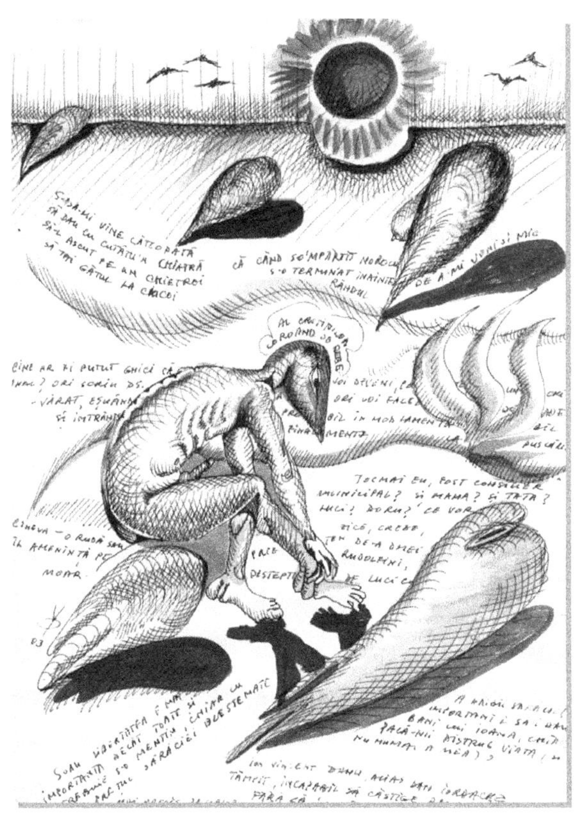

Poem arab cu Gladis

Desigur, convoluţiile ne dau inerţie,
pixelii vieţii rumegă numai culori primare
şi nu, nu slăbirea ascetică dă roade,
nici dansul pe acoperişuri
1 - 2 - 3 - Fire !
cu corpul blond dezbrăcat de orice mantisă
Gladis, trimite depeşe de alarmă...

muezinul a închis grădina, gonind copiii
care cerşeau să se joace cu umbre.
câţi fotoni sunt într-o pată de umbră?
câtă narghilea încape într-o improvizaţie
pe un motiv de Bach?

şi barba îmi creşte spre cerul fierbinte
şi cămila îmi zace toropită de căldura
dintre mereu războaie,
legată de gardul năpădit de cactuşi,
amintiri din acrul pasajelor cu amfiteatre goale

jucăm de secole scenariul unei arte colective,
repetăm obsesiv greşeli, mereu ne cade
mâna pe aceleaşi clape albe-surde,
sunt cele mai reci şi muşcă...

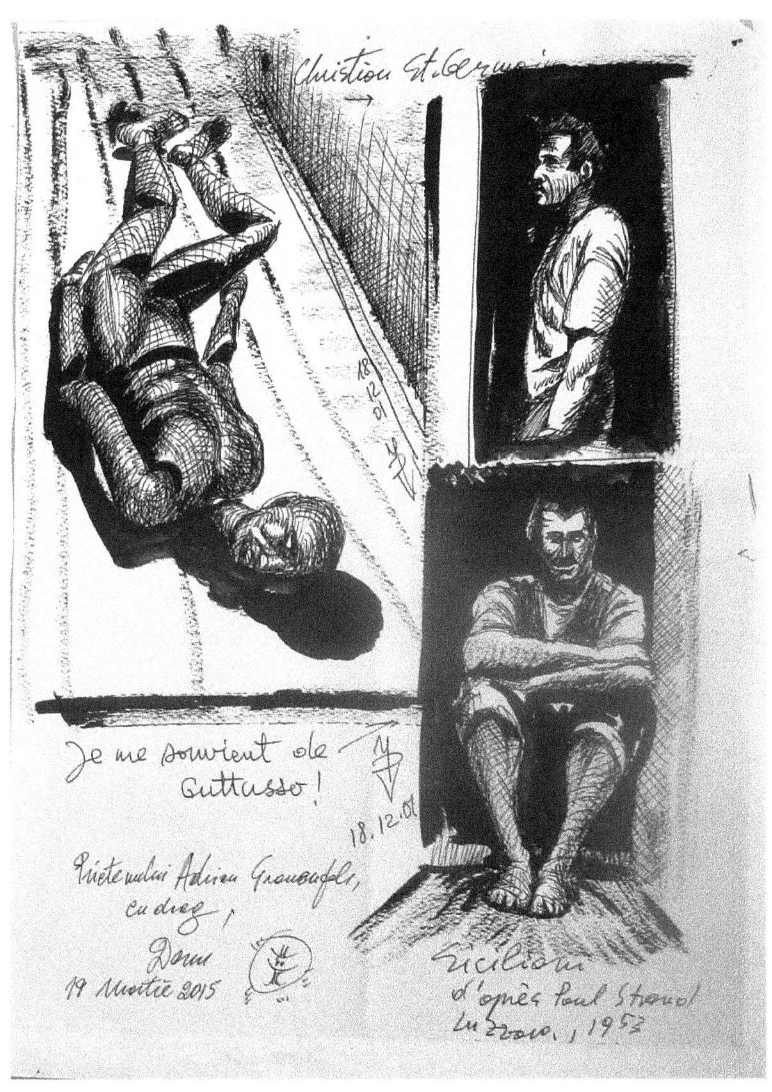
Je me souvient de
Guttusso!
18.12.01

Aqua di Giò

scenariul unei deportări

(sus cortina)

guvernatorul feroviar îşi suflă bojocii
(în foalele cu cărbuni ce licăreau în cuşma nopţii)
privirea sa metalică, după o bătălie cu un
stol de lăcuste *(imobilizat pe o copertă),*
mături stivuite mocnesc asfaltul pieţei.
o femeie cu dinţi verzi citea proclamarea,
celelalte se culcau între ele cât să nu le ajungă plapuma.
mă hlizeam la Luna înnourată prin lustrul rece al puştii de lemn.
în spatele nostru, copilăria se scufunda
în aburii ghetoului bântuit de hoţii de frumuseţe.
te auzeam bocănind prin pod, săpându-ţi tinereţea

Naratorul: Giò îşi leagă de glezne arta fugii
(proiector pe copilărie. Bach. balerină anorectică plan II)

molima era pretutindeni, în arenă se celebrau plecări
cu iguane pironite de catargele locomotivelor albastre,
florile de papirus dădeau prin sâni tineri acelaşi lapte.
vrăjitoarea Iguasu trompetă stingerea cantonului,
ritualul narativ se terminase.

(tropot de cai nepotcoviţi eliberaţi în stepa Treblinka)

paparudele au strâns fumul luptei, copiii desculţi,
tunurile de bronz şi au plecat hăulind
prin cotloanele fericirii mele.
rămăsesem aşezaţi pe limbile pendulei cu pumnii încleştaţi
în vid, plini de şuruburile promisiunilor, cu toate arcurile
întinse până la durere.
farurile luceau dorul bunei speranţe, curcubee de neon
sclipeau elegant pe verbele fără viitor.
venea un curier tatuat cu decoraţii *(parfum aqua)*
şi zice: domnule Giò, pauza de fumat s-a terminat

(intrare cor final)

poftiţi în vagoane Seňor ...

Harbor Zena

Personaje: Femeia, Rameau şi Alpinistul

Rameau didacticus

Balerina îşi făcu valiza cu accesorii necesare:
haină de arlechin, cătuşe ascunse în sacul de nisip,
pantofii noi din ciob de sticlă.
Recitalul se desfăşura la picioarele lor,
amicii o numeau Zena,
avea un iubit alpinist pe Mont Blanc,
dansa pentru el cu lupii
între două crevaşe nesemnalizate,
atât de aeriană
că nu o deosebeai de norul cuprins de o foame absurdă.
Copiii lor creşteau incontrolabil spre minus infinit,
doar muzica lui Rameau celestul îi ţinea în frâu
până să vină Casiopeea cu biciul.

Femeia extrovertă

tinereţea mea pentru alpinistul neasigurat
stăm coapsă peste coapsă
(eu: m-a durut toată seara
stăteam în genunchi şi gemeam)
alpinistul meu zâmbeşte privind în gol
unde este atârnat şi spune: wow...

agăţat de un colţ pietros priveşte în jos
şi vededoar o tinereţe cu păr alb şiroind apă de mare
când fântânile erau otrăvite şi o încerca setea

Rameau cu o harpă antică

eiiii Zena, înfiorarea e un atribut al tinereţii abrupte.
într-o zi descoperim că avem riduri şi pliuri,
bem supă de vise, ne ţinem de bretele,
cântăm fără dinţi libertatea de gândire.
eu sunt încă virgin îţi spun
privindu-mă în oglinda cioabă din salon,
am mustaţă şi cer stelar invers,
dar nu mă cheamă nimeni pe nume
ci toţi aruncă bănuţi în şapca mea
căptuşită de mătasea întâmplărilor.
spre seară am strâns cât pentru o călătorie în timp
ca să nu îmi uit realitatea...

Femeia botanică

o femeie naşte un bărbat
desfăcută
cu coapsele umede
îşi lasă capul pe spate
spre groapa în care strig
cu urletul de foame al lupilor

***

cosaşii adorm între ierburi.
o femeie grasă trece peste sternurile lor, zâmbind.
se întunecă,
apoi se aude un cântec din fluier de os.

***

durerea se uneşte cu tine
altfel, de ce orice semn trimis dincolo te loveşte?
mai întâi vezi pe câmp, în faţa ta,
cum se opreşte timpul
apoi îl auzi şi te trezeşti amnezic
într-un pat de fier
bandajat pentru răni de război

***

în final un copil fără sex dispare.
locuieşte acum într-un balon de săpun.
e cald în mijloc,
pereţii sunt reci,
copilul se face un cerc de aer
privind cum fac dragoste nebunii
în copacii de trandafiri.

În vizită la Ussais

Fotografie cu profet

Te întreb: câţi pitici încap sub fusta femeii tale?
şi când ea se învârte, ei se prind de tivul ei?
se miră şi ei că înmuguresc peşti şi că nu le putem
da alt nume
decât peşte care înmugureşte?

auzi, cât de departe arunci un pitic?
cum îl omori, cum îl măsori?
cât de mic e un pitic?
încape într-o femeie un pitic bărbat?
şi când stă în femeie se miră de copilul
care e mai mare decât el,
dar care nu se numeşte uriaş?

poveştile despre uriaşi sunt deci adevărate
şi mama nu zicea prostii
şi nebunii zgâlţâie cu rost la geamuri

***

Mi-a crescut ochiul cât să îmi încapi înăuntru.
Chemarea muezinului, au scos oasele şi moaştele, te
aştept pe aceeaşi treaptă a moscheii, lustruită vertical,
mistralul...
Şi văd cum, cu basmaua de mătase
în baba-oarba de noi înşine, lumina,

În vizită la Ussais

fulgerul memoriei din poza mea
când mă năşteam, tu ai să vii,
aşa a zis profetul...

***

vroiam să mă gândesc un pic la tine azi
şi am realizat că de fapt nu ştiu cum arăţi
o fotografie nu eşti tu
e nesimţire, să nu îmi mai ceri să te iubesc...

III

Ambrozia Dialogului Decadent

Conversaţii cu Tibick Indrikova

Prefață

Eu nu știu să scriu o prefață. Acest text va fi probabil pagina 1.
Dar nu este o prefață. (Oricum o veți considera, vreau să vă informez că am refuzat din start și din principiu să scriu o prefață. Dacă aduce a prefață, vă rog să primiți scuzele mele umile). La această oră nu știu ce o să conțină cartea, dar până la urmă nu știu nici cât e ceasul așa că nu trebuie să dăm prea mare importanță acestui lucru. Driul meu este persoana din spatele acestor pagini numerotate, deci o să îl primiți în timp real și în bucățele aritmetice. Sunt și eu, dar eu nu prea sunt obiectiv-algebrică. Pun pariu că din toate textele pe care le-a selectat, nici unul nu o să fie interpretat așa cum trebuie. Nu poate fi. Ar fi o încălcare îngrozitoare a vieții personale a Driului dacă inteligența tăioasă a vreunui nefericit ar reuși să priceapă pe de-a-ntregul aceste texte. Dar parte din ele va fi pricepută. Și va fi pricepută tocmai de vreunul dintre acei nefericiți care au scris la rândul lor astfel de chestii. Pentru ceilalți (cititorule, nu te includ printre ei. în acest moment, noi doi semnăm un fel de pact pacifist și nimeni nu suflă vreun cuvânt depre păsări rare cum ar fi cultura, chiar dacă aceasta, uneori, se găsește în natură și sub formă de brumă) o să spun povestea lui Dri văzută de Tibick.
A început… nu mai țin minte când. Nu știu data exactă. Știu data personală. Era într-o perioadă în care am scris un manifest avortat. Cred că era al artei contemporane, dar de

atunci arta contemporană a mai fost avortată de câteva ori aşa că putem presupune liniştiţi că era un manifest învechit şi inutil. Şi a început cu câteva e-mailuri. Apoi acea firavă şi uşor-digerabilă comunicare s-a transformat în improvizaţie de calitate şi de acolo în poezie. Şi trebuie să recunoaşteţi că nu orice e-mail poate fi transformat în poezie. Dacă nu mă credeţi vă rog să încercaţi. Eu am mai încercat. Astfel, putem din start exclude situaţia în care am presupune că ceva din persoana mea era vinovată de acele e-mailuri-poezii care generau rapid dependenţă. Dacă e să căutăm un vinovat, aş arăta cu degetul către Dri. Ştiu că el provoacă asemenea lucruri. Ar merita biciuit pentru câte poezii scrie pe zi. Dacă l-am pedepsi, ne-am simţi cu toţii mai deştepţi şi am fi mai fericiţi cu e-mailurile noastre. Ar exista posibilitatea de a deveni încântaţi chiar şi de spam-uri. O asemenea dependenţă nu putea să aibă decât nefaste urmări. Ca orice respectabili dependenţi, am ajuns în scurt timp la vandalizare, demolare, răzvrătire, disturbarea ordinii publice, protest, jaf şi viol. Următorul pas anti-social era publicarea a ceea ce vreun psihiatru îndrăcit de terapia cu electroşocuri ar clasifica drept demenţă în doi. Era doar dependenţă. Dar acest cuvinte au un anumit ritm şi o anumită rimă care produce confuzie pe Terra. Textele noastre nu rimau, nici nu ritmau, dar le consideram gemene, adică diametral opuse. Chestia e că uneori toţi cei care sunt privaţi de această minunată prefaţă (hai să le dăm un nume de cod cum ar fi Societatea sau Ceilalţi. cititorule, nici aici nu te includ, nimeni nu e lezat, ne străduim victorios să terminăm petrolul şi să filmăm urşii polari mâncându-se între ei) realizează adevărate orori cu acea chestioară pe care o deţin şi o schingiuiesc după bunul lor plac şi care se mai numeşte bun simţ şi nu poate fi găsit în natură în stare pură. Era odată un american deştept care abera ca să se salveze. A scris el ceva despre imbecili, dar nimeni nu s-a simţit vizat sau lezat, ceea ce demonstrează încă odată acuta disperare de care era cuprins. Până să mă prind şi eu de acest necesar artificiu de calcul, Dri impertinent mi-o luase deja înainte, trâgându-mă subtil, dar eficace înspre o prea-sănătoasă practică. Mai degrabă antrenându-mă. În delicioasă reinventare a absurdului şi binefăcătoare aberaţie. Eu spun că tot ceea ce sfidează logica şi are miros de asasinat nihilist al banalului se numeşte absurd. Dar s-ar putea să exagerez – această regulă inventată de Tibick se aplică numai la Dri, cu siguranţă. Şi pentru că nimeni nu a părut dispus să se prezinte ca exemplificare a acestei definiţii, trag concluzia că Driul e perfect singur pe baricade. Cred că primul text pe care l-am publicat cu Driul era despre o nuntă. Nu mai ştiu cum s-a ajuns acolo, dar îmi venea să înjur ţigăneşte. Şi am înjurat. Şi a fost deosebit de plăcut. Din păcate, doar Driul a priceput, aşa că el a fost singurul care m-a scuipat. Chiar în textul următor dat spre publicare (au mai încercat şi alţii, dar din păcate scuipau în momente total nepotrivite şi cu o ţintă dubioasă). Probabil de acolo ni s-au tras anemicele încercări de cenzură. Dar domnilor, aberaţia este prin definiţie inocentă şi deci necenzurabilă. Mie una îmi place cum scrie Driul. Dacă nu ar fi scris, ar fi rămas pentru totdeauna şi în întregime străin de Tibick şi de Terra şi nu aş fi avut ce să vă povestesc, sucombând plictisului sau poate chiar mai rău. Cred că uneori se satură şi el de vreo maltratare publică a vreunei imaginaţii. El e trist şi eu nu mai ştiu abera. Dar îşi revine, dacă nu şi-ar reveni aş presupune că a devenit post-modern ceea ce ar fi ridicol, ba chiar paradoxal. Driul este un original inepuizabil şi mie îmi convine situaţia aceasta a lui. Aviz celor care plănuiesc o agreabilă lectură de noptieră: aceasta nu este o lectură liniştitoare. Ar fi imposibil să vă liniştească în vreo măsură nişte cuvinte care iau proporţii de elefanţi răsculaţi împotriva normalului. Exceptând cazul în care nu deţineţi nici un gong poetic. În acest caz este foarte posibil să fiţi călcaţi în picioare de nişte elefanţi în timp ce vă pregătiţi, în pijama, de o absolut legală şi inocentă traversare pe zebră, zebră poetică evident. Aviz pentru Unii. Nu folosiţi vă rog dicţionarul. Dacă nu înţelegeţi vreun cuvânt sau vreo expresie, imaginaţi-vă, după puteri, câte ceva. Până la urmă, dacă nu aţi fi chemaţi la un joc de-a v-aţi-ascunselea cu bazaconii pur absurde, această carte nu v-ar sta în mâini.

Oare ce sfaturi de lectură să vă mai dau? Ar fi poate indicat să mă dau ca exemplu. Am supravieţuit şi mă simt deocamdată chiar bine. Aşa că nu vă faceţi probleme. Veţi reuşi, într-un oarecare timp, să digeraţi tot ceea ce stă scris după pagina unu. Eu nu am primit sfaturi despre cum trebuie utilizată maşinăria Dri, dar a ajuns să îmi placă la nebunie. Chiar am îmblânzit nişte elefanţi. Unii dintre aceştia mă ajută din când în când să ridic greutăţi necesare vreunei construcţii care ar putea foarte bine să fie şi o deconstrucţie. Şi elefanţii alfabetici adunaţi în ţarcul acestor coperţi au fost inventaţi de Dri şi pot fi utilizaţi cu succes împotriva plictisului, banalului, imbecilităţii, snobismului, convenţionalismului, politicii, etichetei şi a altor jivine sociale. În ultimul timp eu aberez vagabondând la propriu şi pe Dri nu l-am mai descifrat de mult. Pentru asta aş merita să fiu biciuită şi scuipată în vreun loc public sau chiar în primărie. Dar am scuză şi compliment de rigoare – mie de Dri îmi mai place pentru că are tupeul să ceară unui imberb ne-prefaţator o prefaţă. Având totală încredere în el, ştiu că de fapt nici nu se aştepta la o prefaţă. De aceea, cu mândrie de pionier, semnez aceasta veridică neprefaţă, a numai Driului,

Tibick Indrikova.

Ambrozia dialogului decadent

Dialogul nu mai curge, dragă Abukir, pentru că ambrozia din care ne hrănim noi, vicioşii şi noi, canibalii intelectuali, e ireversibil stricată. E putredă. Mă aşez pe un morman de conserve retorice şi cuget. Uite tu, de pildă, ai maniere frumoase. Tu muşti din căpşună de la miez spre înafară. Tu bei şampanie numai în compania unor doctori de stil cognitiv, psihologia de tranzacţie fiind vădită între voi, pe canapeaua burgheză nud fluorescent mirat. Tu ai un fel de a fi tristă când râzi. Tu râzi cu lacrimi şi contagiezi tot spitalul în care te-au încarcerat cei bolnavi cu dilema seriei lui Fibonacci. Tu eşti prietenă cu tine însuţi şi de aceea eu nu am loc nici măcar de şosetă între pantoful de lac albastru şi ahilesul călcâiului tău fin. Tu asculţi muzică clasică cu ochii închişi, cu mâna aşezată pe inima ta jefuită de orice extrasistolă romantică.

Tu, Abukir, nu creşti fluturi şi nici bani la săraci nu dai pentru că nu-ţi stă în fire să te umileşti în zilele fără soţ. Ambrozia îţi curge pe bărbie şi peste sâni, dar gustul i l-ai uitat de când ţi-ai pierdut candoarea copilăriei. Tu îţi lingi buzele şi aştepţi cu anii să bată cineva la uşa ta de fier forjat pe care scrie paradis. Din păcate nu am adresa ta şi ar fi o enormă nepoliteţe să vin murdar şi nepoftit, fugitiv cum sunt de dialogul steril cu mine însumi.

Suicid Kabuki

Cică se făcea că auzeam un zgomot
ca un fâlfâit mare şi ritmic
treceam cu un kaiten pe lângă casa ta
vedeam încet cum mişc
acum o ploaie se desface în ca-un-fel-de ocean
şi îmi loveşte ochii
eşarfa galbenă se desprinde şi zboară minor
frânghiile din livada ta se rup ca trase
de-un-fel-de animal puternic
zboară atomi rectilinii
mănânci un măr verde din palma lui ahmed
ochiul tău concav ţine ploaia
îmi lipesc mâna de geam
şi trece chipul meu pe rând ochi buze frunte bărbie
ca-un-fel-de spectru albinos dintr-un suicid kabuki
pupila ţi se întoarce după mine
de la dreapta spre stânga
până intră înăuntru
ahmed are o picătură de salivă pe buza inferioară
mai las o urmă de palmă pe hublou
şi cine dracu ne conduce acest kaiten
că arde apa şi se face o sticlă de cidru
cu un vierme gras şi verde plutind pe lângă dop
ca-un-fel-de femeie torpilleure
printre merii submersibili
că doar-doar nu mai plouă

***

Destest merele şi atomii
totul e făcut din deşertăciune
să luăm de pildă trecerea ta prin omenie
e făcută din frunze critice şi mult desfrâu
citeşti sub lumina felinarului manifeste
apoi chemi un amant la decorticare
îl goneşti după ore de imposibilă iubire
căci nu aveţi analizele la zi
decizi să rescrii un roman aviatic
care se petrece în spatele casei mele
acolo unde începe cerul
bântuită de semne de întrebare
udă de ploaie până la rinichi
din care eu rod cu patimă
într-o altă nescrisă poveste kabuki...

Bestia Loulou călare pe pitici

Ca Loulou adorm cu un fulger alb în cap
toată acoperită cu nişte tu mulţi şi mici care îmi
gâdilă tălpile şi sub-sânii
cu cizmele lor şi târnăcoapele lor

de acolo tu nu vezi cerul de sânul meu
sau de degetul meu mare

dar îmi pui turle pe sfârcuri
un alfabet straniu pompat ritmic în sânge de la
donatori gnomi
şi din jumătatea mea de craniu
care se aseamănă teribil cu o coajă de nucă verde
cu părul împletit în sfori
trageţi la mal o corabie cu cala spartă

ca Loulou respir încet timid încet timid încet
la pietatea ta de pitic în faţa copilei de animal

***

Loulou lunecoasă eşti în faţa blocului
cu firma de piele de găină
un ou ţi-a căzut din poşetă
speriat de viziunea strămoşilor lui aviari

un telefon te-a sunat cu dring dring cavernos
o spaimă pe faţa ta lungă verde
mi-a spus să te caut la spital
un doctor cu dinţi mari de metal smulgea hălci din tine

un preot pregătea o căldare cu spovezi

un dricar lua măsuri cu metrul baroc
o femeie îşi turna cenuşă în cap rânjind a lună şuie
un episcop plângea în turlă
doi copii se ţineau de mână într-o iubire juvenilă
o studentă şi-a ucis tinereţea cu mâna ei
sunau clopotele a vrăjitoare arse pe rug
veneau băieţi frumoşi eleganţi
să-ţi aducă flori neofilite
ai închis poşeta
şi ai plecat în pas de salsa
zicând:

mari cretini sunt scriitorii de azi

Brici în burg

Am gonit muştele cu un gest de prestigiu
pe un mosor am strâns rufele tale puse la uscat
netede dar curbe vesel în acelaşi timp
având amintiri practice, pete pe fuste
uite ai mâncat vişine
uite ai băut supă de gândaci
uite o gaură de la o ţigară uitată în barcă
vâsleai Stixul ca să mă ajungi devale
gâfâind cu limba scoasă
ca o femeie în călduri
lihnită de foame abisală
neiubită de comisar
toţi râdeau de ea că are păr desculţ
şi părea fără vlagă
deşi din buzunare îi cădeau
vitamine ghiotura cu zinc
şi lame tăioase, pofticioase
brici

****

că mare tristeţe ai adus prin izmene venind
tu în burg
că atâta plângeau nebunii trăgând
clopotul bisericii

cu propriul gât
că nu le păsa decât de lucrul meu ruşinos cu tine

pisam mărunt degetul tău logodit
păcat mare să te văd cu spatele la stâlpul infamiei
o văduvă fără altă treabă bătea mătănii în glod
şi din glod pe genunchi
şi de pe genunchi tot aiurea prin aer
te lua de suflet sărmana
şi tu habar n-ai de bocetul ei proaspăt bocit nouă
o! nimicnicie! dintre picioarele tale strâmbe
se îmbată oribil poeţii
o! deşertăciune! ţâţa amară a pruncilor de litere

mă uit tare lung la pământul dintre picioarele tale
care pe care îngândură
frate al meu tandru frate
menit ca şi sora ta cu un singur boţ de carne boţită
să-ţi ajungă până la mântuirea lumii
şi înapoi

Cadouri în carne proaspătă sau ce am făcut aseară

Sunt iubita iubitului iubitei mele.
m-a lovit o dorinţă rotundă şi grea, tu mi-ai spus
că nu poate fi iubire
am lăsat-o aşadar doar să fie

şi iubitul meu era artist
m-a întors pe o pânză de luchian
în muzeul golit de neiubitori de artă
şi eu am lins
nu avem sisteme de alarmă în românia
aşa că am lins pânza lui luchian cel care picta cu gura

şi iubitul meu mi-a adus un cadou
o prietenă şi un prieten
i-am privit şi ne-au privit
apoi prietena s-a făcut fum un fum trist şi lung şi alb
care a ieşit pe fereastră
am doi băieţi frumoşi în pat
dar nu pot adormi de căldura lor

şi iubitul meu a plecat
eu am râs mult mult mult
şi mi-am amintit că am visat că nu m-am culcat
şi m-am trezit şi am mângâiat cu amândouă mâinile
câte un băiat
era cald fiecare

era cald în pat
era în mine cald
şi iubitul meu şi prietenul meu...
s-a întâmplat

***

Când eram mic şi aveam bube mă ţinea o mătuşe în braţe cântându-mi la ureche ceva în germană şi eu o trăgeam de sânii mari ce miroseau a vanilie şi a unchiul Hans care o bătea cu cureaua de la pantaloni şi apoi o împăca pe sub cearceafuri pe care scria CFR de nu înţelegeam cine e bătut şi cine e iubit doar după mulţi ani când am crescut pionier şi mergeam la defilări cu fete mi-a arătat una în tufişuri ce înseamnă femeie cu păr şi eu am fugit să mă ascund într-un prun care dădea dude că nu ştiam zoologie, la şcoală desenam porci care aveau feţe de profesori, feţe de duşmani americani, feţe de femei care nu se culcau cu mine deşi le ofeream ciocolată sau bilete la cinematograf numai să mă lase să le bag mâna jos unde era cald şi umed… nici vorbă de artişti, sau muzee, eram săraci şi atât. Trebuia să plătesc cotizaţia de utecist 6 lei pe lună, o avere pt un student cu o singură cămaşă şi pretenţii de intelectual cu pipă. aşa au trecut anii fără iubiri, fără mofturi construind gomunizmul. duceam gunoiul zilnic ca să o ajut pe mama. tu încă nu erai aşa că nu ai să înţelegi nimic din complexitatea revoluţiei pe care o făuream zi de zi harnici şi voioşi. Sistemul nu admitea laşitatea şi nici vaginele. Trăiască Stalin!

***

Omul mic nu existase decât în poveşti de câteva generaţii nu se mai nasc copii suntem nişte golani geniali fără educaţie omul nu existase niciodată atât de mare
să îţi spun eu ce rămâne în chiloţii unei femei după revoluţie rămâne amorul liber şi dragostea infinită cum ni se interzicea în numele lui iisus şi rămâne dorinţa de muncă a femeii şi dorinţa ei de egalitate rămâne deschisă poarta de scăpare din imperialism capitalism şi morală să îţi spun eu ce înseamnă să mănânci oameni?
ah, dar tu şi tu care ai fost copil şi tu care ai crescut şi tu ştii chiar foarte bine gustul de carne de om. e dulce şi răzbunarea e dulce şi victoria. sângele e mai dulce ca mierea, nu? să îţi spun eu de ce oamenii cei mai fericiţi de pe pământ trăiesc în cuba? sau să îmi spui tu că statisticile greşesc? nu merită să mai fii om mic într-o lume atât de mare, nu mai e şic, dragul meu nepot.

****

Pe vremea când lumea era stăpânită de zmei şi feţi frumoşi cu maşină Dacia decapotabilă locuiam într-un apartamant insalubru plin de fantome. toate spectrele erau femei şi după cum bine ştim fantomele de sex opus nu poartă chiloţi sub mantia verzulie de culoare muci. era tare cald, ventilatoarele din piele de om nu pridideau să gonească muştele turbate care plonjau din tavan cu gura deschisă cu patruşpatru de dinţi pregătiţi de atac. mă ascundeam sub pat unde găseam alte fantome jucând table, popice, şotron sau vaţiascunselea după cum aveau ele chef . unele erau angajate în sex care părea ciudat în lipsa fantomului mascul cu ceas şi secretară pe genunchi. tu erai printre cele de vază, rumegând oameni asezonaţi, despicaţi cu schepsis de şeful bucătar un fost comisar căzut în dizgraţie. defăimarea reţetelor era atât de celebră că veneau din 4 zări Ilemne Coskoziene cu turbinci Pucii ca să ia în sufertaş ciosvârte dulci pregătite ad literam cu sos nonverbal de bucătarul fantomă. păreai mulţumită de gustul exquist al oaselor marinate pline de viermi, studenţi habotnici. doreai un desert cu copită de nepoată neîncepută da nu căpătai, bunătăţile adevărate erau păstrate cu grijă pt bărbaţii pricepuţi şi docţi ceea ce nu se poate spune despre noi.

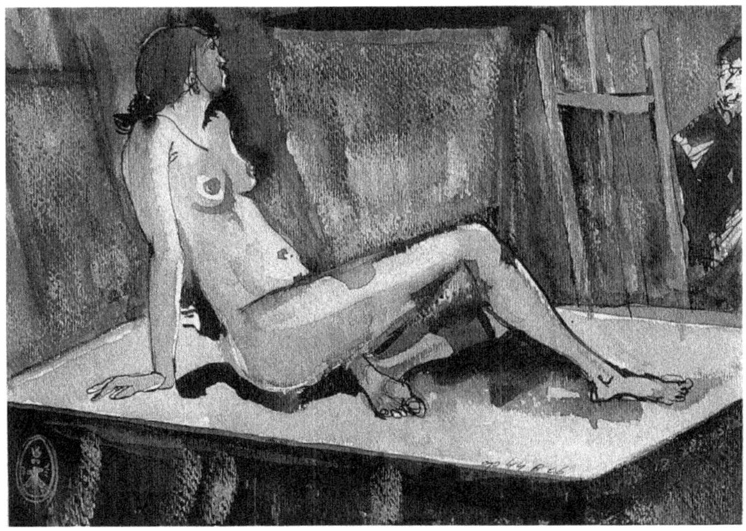

Fumezi, Malicion?

Bărbatul-tutun îşi menţine echilibrul
fumându-se pe ascuns să nu fie mirosit de societate
în schimb copiii lui pot fura democraţia
cu linguriţa înfiptă în caviarul orgiilor semeţe

mă enervează zgomotele de femei foşnind
a cremalieră neunsă, cârlige de macarale
pe cursul mirabeau vara, la aix en provence
pictai pe stradă vedenii galbene
eu nu te vedeam. fumam.

îţi aduc femei-tutun Malicion
3-4 pe lună, după cum o ceri
le cercetezi, le miroşi, le dai cu mozol, lipiciul stărilor
de vânt fără lumină, cheag stins, nu! nu e pace! nu mă
mai întreba, gloanţele trec prin mine transparente,
ieri eram frumos, ai văzut?

cap... capete
pălărie pe cap
sudoare ştearsă cu colţul verii mele
am să te iubesc nesincer încă o stradă Malicion
apoi mă urc în tramvaiul 9
mai am dorinţe, rotocol şi pentru alta…
fumezi?

***
Când se intra pe gratis în universul senzual dalinian
trenurile marfare pline de muncitori
se aruncau îndrăzneţe pe aceeaşi şină
era vulgar să îi vezi deschişi
proletari sângerând
tu degustai ca un diavol nebun
malicion fuma

disperarea unuia ajungea departe când vedea
slăbiciunea împotriva plictisului
corzile pentru sărituri în gol le slăbea mereu
râdea pentru că ştia: niciodată nu se întâmplă nimic
exceptând balurile studenţeşti
unde seara se plăteau tichete pentru orgii
bunuel se plimba cu tine pe stradă îmbrăcat în
călugăriţă tu erai deghizat în miliardar
voi vă iubeaţi nespus
malicion fuma

fructele cântă: no one knows how sweet are you
în dumnezeu creşte o mână gigantică făcând semnul
victoriei
prietena mea refuză secreţiile
malicion fuma
şi de aici nimic altceva nu mai conta

Implozii

Orice spun că primeşti nu e de la mine
anemia astrală ne consumă încet
catoblepasul
creşte din noi vertiginos
penibili constanţi şi gravi
ca două măşti întoarse pe dos

ce vină port că mă aseamăn pe zi ce trece
tot mai mult cu Dumnezeu
ca Iisus în templu
iau biciul şi lovesc cu mâna mea
cad în bucăţi scenete din trecutul cuiva
acum nu vor mai fiinţa niciodată nu vor mai sta
pe coama catoblepasului
cu ispita lui pentru tine
când mergi prin deşert fără să ajungi la nimeni
poate te aştepţi la mine
dar astrul meu se topeşte într-un martini
oarecare sâmbătă oarecare bar oarecare outfit
singurătatea dinainte să cad peste rămăşiţele tale astrale
implodând un atom
cam cât divinitatea de mare

***

în spatele scărilor se petreceau infamii
chemări pe nume de copil
cât să îţi aud vocea timidă
la capătul sunetului.

mă strigai printre buze
roase de amintirile cu care mă culcam învelit
în covoare zburătoare, în paiul unor căpiţe
imaginare strivite între noi.
eram bolnav de neputinţa de a scrie.
îmi spuneai că suntem la capătul romanului
transformat într-o pasăre mare
fără aripi, doar solzi din piele moale
metronom surd…

Stau blocat în faţa ta
înţepenit de o timiditate expresă
ca un fel de călătorie în jurul vieţii mele
un periplu rotund, oval perfect, oval asimptotic

Mi-am luat pastilele de trăit,
am semnat condica unei terfeliri
ma târăsc prin coridoare mozaicate
cu tâmplării bizantino-bizare.

Dispar…

Pastorale

Să spui tuturor ce ai visat
ba nu să nu spui
să nu spui cum oftezi cu sânge: ah, au trecut lunile
astea ca un vis
eu sunt interpreta de vise vorbind în locul tău în public
 în gura prietenilor
vorbind viermilor mai ales viermilor
cu ce îi îmbunăm azi?
grimasele şi piticii rămân undeva în pietroaie
să sape atât pentru tine cât pentru mine
noi culegem rădăcini de flori acolo jos
să îmbunăm poeţii
să-ţi plătim interpreţii
când văduvioare mignone plantează sicrie mici
în morminte mici
în scuipaţi mici
în suspine mici sângerând modest
în horcăituri tandre
povestesc prietenilor ce însemna interpreta de vise
pentru tine-mine
şi neapărat pentru mine-tine
în timp ce cădeam de la înălţimea de adult
la statura de doi pitici
când se iubesc mic

În vizită la Ussais

Mă faci să vreau să te distrug
nimeni nu mă provoacă la ciuperci mai bine tu
am zodia stâlcită de creveţi
mă caţăr pe copacul tău din curtea ta din supa ta
mă simt gonit papuc ciulit morcov ziua de azi
iubiţii tăi taie claie grămada Jeans
fratele tău ascute acordeonul bas
sora ta pune masa pentru după apoi
amicul meu nu e el e eu
cubul vecinei strigă mai vreu
la club nu sunt primit că îmi put picioarele a viaţă
moartea se numeşte canci
de ce nu eşti sinceră la spovezi?
mă vrei văduv pe apeduct…
cărând apa în buzunare rupte
să picur limpezime pe colţul gurii tale nesărutate
de fecioare seculare
nu simţi că m-am îndrăgostit de un cizmar?
scuipă-mă pe manşetă
pe lustrul ghetei mele de neant.

Prieteni cu solzi de împrumut

întrebarea mea era serioasă mai serioasă şi mai serioasă
până râdeam cu mâinile făcute pâlnie la gură
să se audă un hohot de cor
pe care noi doi nu îl putem face singuri într-o lună

prietenii cu solzi, prieteni
care îşi schimbă botul când alunecă de sub degete
prietenii cu solzi, prieteni
care nu au traducere pentru bule de aer într-o oarecare apă
împrumut un solz, frate, frate, frate de la tine
ca să înot în sus mai în sus şi mai în sus prin curent
apoi răcesc
împrumut o batistă frate

nu cred să fie lucru serios mai serios şi mai serios
decât degetul arătător al prietenilor, prieteni
care seamănă cu dumnezeu

degetul arătător care e o înotătoare dorsală
aşa cum îmi place să cred

***

Răspunsul meu este cert incert şi monoton
posesiv de cumulativ în starea crudă a cromozomului de
stepă
nu am prieteni
nu dau cărţi cu împrumut
nu fac politică decât cu femei semi dezbrăcate nud
tocmind poetic preţul şi carafa de vin
scăpată pe piciorul mai scurt
apocalipsa e un lux îţi zic
mai ai de tras la hamul tău, degeaba te ascunzi
sub caiafă
peştele din acvariu e fratele tău Ana
ne-evoluţia lui e protestatară şi definitivă
participând la şedinţe de partid ud
nerespirând respirabilul ozon
e condamnat la bolborosire
la o veşnică plutire indecisă
de aceea îl scoţi uneori la plimbare eroică
în zgarda de piele de drac
târându-l de branhii
pe marile bulevarde elegante
luminate galben galben galben galben
acru surd
surd surd mut
absent neprezent
nimicit de postmodernismul tău latin fără nici o concesie.

Strigoi + 8

Mai fac o ultimă încercare cu tine
îmi urlă o molie în ureche:
fă-o praf bade, algebric
dă-i cu fagurele pe la nas
dacă A=B
X cine e ?
mă dezbrac cu tristeţe în faţa moralei de tip nou
mi se zice "bolşevicule eşti un strigoi"
miorlăi la armonică melodii cu volare
în loc să vezi de revoluţie faci anticameră
ai trădat femeia care te ţine în spate de ani
cocoşată fleaşcă cu imaginea ta deşănţată
o să plăteşti greu masca de fier
şi dai şi un rând de ţuici la toată gaşca ce stă pe gard
bălăngănind picioarele în golul geometric
bine format
X-D=YYYYY+8

****

marele asasin ştie scânci
mai bine decât tine
îi pun un ham gros într-o zi de vineri şi post

strigoii au stomac plin de pâine

ai tu grijă să îi hrăneşti din prag
mai bine decât mine

strada aia de unde plecăm cu totul
e atât de dreaptă e atât de dreaptă
ne ascundem mai bine mâine

***

tragem după noi patul conjugal plin de pete dubioase
la ferestre apar fete frumoase
să ne arunce oalele de noapte

e fascinantă lumea asta ca un fluviu care tot creşte
mirosul dc oamcni păleşte
mirosul de păr animal e mai puternic

***

unul te ia de genunchi implorând să asculţi
formula matematică a auzului până în miezul lumii
e prima oară când te văd în genunchi

în urechi atârnă struguri grei
de lepră
şi de pământ

***

marele asasin se mijeşte într-o franzelă albă
pe un paner alb de păstrat pâinea neagră
pe care l-am trişat iar
îţi vorbeşte cine ştie ce

te face să semeni cât mai mult cu o foame la masculin
te mângâi singur îţi trece
nu ştiu cât mai rezist

***

de azi ţi-am impus să plângi la fiecare oră 5
motive se găsesc

la fel şi frunze pentru ceai
la fel şi căniţe în formă de strigoi pătrat
la fel cu petele care se lipesc de noi în pat

***

şi lui troţki îi era foame
şi lui einstein
iar eu fărâmiţez un cerc de cocă
pi r pătrat
pi r pătrat
până la cina de mâine
când înduri să fii portar curat
pe pragul meu cu firimituri
să treacă liniştiţi cei desculţi cei săraci
cei derutaţi
lor le e mereu foame

să locuiască mai bine
în mine

***

mă înmulţesc cu cei ca tine

În vizită la Ussais

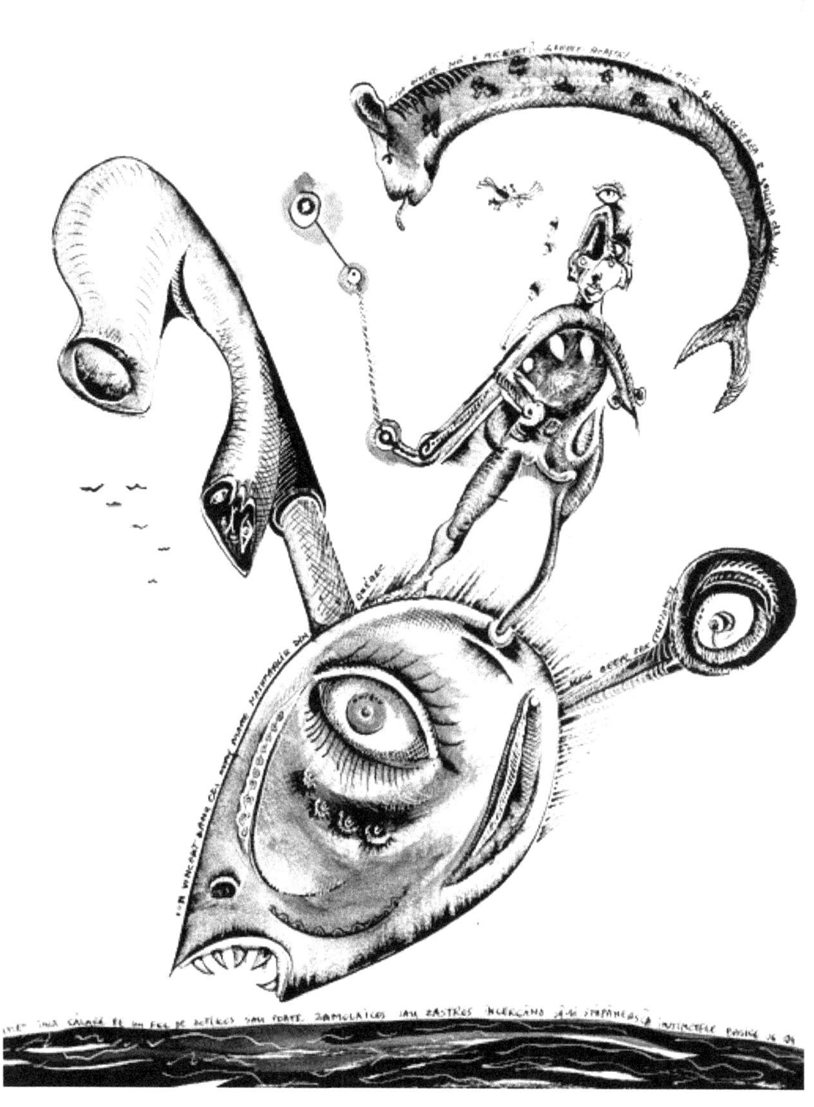

Toamna oraşului fructului tu-ului

începea cu o puştoaică care vroia să traverseze o stradă
emana straniul
privirea de două ori în acelaşi loc în acelaşi om
erau cunoscute nişte fructe sălbăticite şi otrăvitoare
care cădeau pe asfalt şi se împrăştiau în culori vii
uite morţii cum se târăsc prin buncăr
în pantofii lor de carton
şi nimic de mâncare
nici o puştoaică îmbrăcată cu sfori

tu exişti
fără să ai habar de grădini fericite de grădini cubaneze
se cunosc urmele unui salvador
pe asfalt în formă de stea
şi tu treci tu urci mănânci te caci te culci
fără să ai habar
că se coc fructe asexuate la semafor
lângă strada ta casa ta femeia ta
şi nimeni nu ajunge până la ele

fructele se pregăteau să îţi treacă strada

****

Ah câtă ură ai pus în vorbele meuluivorbind în locului
meu deghizată
eşti ectoplazma mea voalată

fiica mea cu care trăiesc, incestual
ba nu trăiesc, mă târăsc
prin subterane viciioase pline de viermi intelectuali
mozart muşcă din mine
de gaulle mă leagă de glezne
ba nu-s legat, mă prefac doar
folosesc o minciună mare cât un zepelin de post
urlu ca să nu fiu auzit
iubesc ca să nu dau polen nimănui
e viaţa mea care curge clocotitoare ca himalaia
tu nu ştii de ce folosesc bocanci cu ţinte germane
tu nu îmi dai din ţigarea ta stinsă-suptă
tu nu mă priveşti de sus în jos-lateral
cum cad în prăpastie zvârlit de tine-mine

cu **O** grimasă de fiară imparţială.

Zi de post pentru golani

ştii că sunt un golan
motivul pentru care tu cauţi femei tot mai proaspete femei
mereu alte femei
motivul pentru care nişte note ţâşnesc dintr-un muzician
şi mor calm pe faianţă
ca într-o zi de post
ştii că eu sunt motivul pentru care
stau unii bărbaţi trei zile în şir să privească oameni
şi apoi se apucă de pictat femei postind

nu îmi e ruşine
că port conversaţii cu băbuţe cu plase cu legume
că trec pe lângă prietenul meu care se vinde ca pe o floare
că uit că sunt golan
şi mi se umple sufletul de curăţenie
o curăţenie
cum numai sfintele fac înainte de marile posturi
pe care tu nu le ai notate în calendar

tot aşa cum nu ai încercuit cu roşu azi
când golanii din elicoptere albe împrăştiau cenuşă peste
oraş

***

Mă faci de ruşine cum
mă găseşti mereu la gaura cheii tale
încercând şperacle şi chei franceze
drumul spre inima ta blocat de stârvuri şi fosile

ai lăsat oglinda mâzgălită cu ruj abrupt
frigiderul gol de pasiuni îmbuteliate, rupt
toate expirate ca o migrenă ce nu trece
Fidel e bolnav îţi zic, cam de pe data de zece
Cuba tremură pentru tine
tutunul havanelor fum se face
nimic nu te mulţumeşte Lora pe glob
nici discuţia cu un preot baroc ce te place
nici murăturile ronţăite seara pe terasa zob
nu-s destui meteori la vestul de sud te plângi
mi s-au terminat demachiantele te lamentezi
tu de ce stai aici în vale
ca o armură medievală
cu găuri în zale?
du-te la oştire !
pentru mine mori
şi-ţi voi face-n grabă
3 copii din flori...

Fiecare Borgia

Buna mea plăcere, papa borgia, este fiindcă e aşa.
drept consolare pentru jucăria stricată din piept,
doctorul cu cioc de vultur spunea:
lucrurile degradate au gust de remuşcare şi duioşie.
papa borgia, tu ştii că serile orice pod, peste orice canal
poate transforma oraşul în veneţia sau amsterdam.
papa borgia
neliniştea noastră oscila între dorinţă şi plictis
după cum oraşul se numea
babilon sau paris.
în faţa unui dumnezeu străin,
răspunsul meu este molipsitoarea nebunie.
papa borgia,
de când nu ai mai gândit odioase lucruri despre vatican?
probabil de când cu ultima poveste a mea,
opera neterminată şi nededicată despre femeia aceea
care a avut un somn profund de 10 minute
s-a trezit perfect conştientă
a zis că l-a văzut pe dumnezeu
că a înţeles că asta a fost tot
a refuzat orice alt tratament
a cerut să fie dusă acasă
şi noaptea s-a întâmplat, cred, în somn.

papa borgia,
după cum vezi

lucrurile m-au făcut pe mine şi eul e sursă inepuizabilă de inspiraţie.
după cum vezi nu mă gândesc deloc la tine,
ci la toate elementele din jur care mă fac
să cad stricată obosită sau moartă lângă al meu papa,
degradată borgia,
urinând ambrozia cu sânge
şi auzind cu pieliţa virgină a timpanului cum le spuneai
"era o persoană atât de bună ea..."

oraşul nostru se schimbă
după cum norii sunt negri sau aurii.
el poate să devină
goa sau moscova
şi noi retrăim fiecare o viaţă a sa dintr-un anumit oraş
de pe terra
iremediabili Borgia.

***

În ochiul meu bolnav trăieşte o a doua Evă
îşi face baie dimineaţa între givece cu petunii
apoi pune de o cafea pe ziar
ascultă la radio ştiri triste-comerciale
anunţuri despre vremea de război
goneşte viermii din ventricolul meu stâng
si apoi se tranteşte pe sofaua interioară
recapitulând cu precizie
lista regretelor tardive
a discuţiilor fara sens

brâncii daţi balansoarului în care îmbătrâneam
certurile de dragul vorbelor cărunte
geloziile din zilele de post
şi ar mai fi multe de zis despre Eva
dar e timpul picăturilor oftalmice
şi ea dispare … gonită de reflux...

IV

În vizită la Ussais

Radio Ga-Ga

Vara lui '42

Într-o zi ai să mă găseşti cu totul şi cu totul înfipt în podeaua ta raşchetată, rădăcinile mele îmbrăţişând picioarele patului de trestii fugare pe retina unui zbor de uliu scurt cât moftul unei clipiri. Cineva pusese de cafea. Cineva spărgea lemne în ciuda verii lui '42. Toţi citeam aceleaşi interminabile poveşti cu Jane şi Louis. Mă lăsai să te gâdil în talpă cu pana de gâscă şi tu râdeai cu capul dat pe spate ca un clopoţel cu dingadong în pauza mare. Aveai un copil fără nume, dansai cu el strânse tangouri ce ţâşneau din radioul cu lămpi afumate, apoi te culcai epuizată, te auzeam cum plângi cu faţa înfundată în perne cu vise mici.

Era cald. Bâzâiau muştele turceşti o litanie insuportabil de transparentă. Hârtia albastră de la geamuri oprea viaţa. Patefonul scârţâia în gol cu exaltată obsesie: ga-ga, ga-ga, ga-ga. Te-ai trezit într-un târziu şi m-ai gonit cu gestul Evei. Urca un client scara ta din lemn cu paşii grăbiţi ai unei statui antice proaspăt dezgropate.

Se umpluse tot aerul cu urme adânci de pământ reavăn şi mirosul acru al scufundării.

În vizită la Ussais

Evoluţia mecanică

Se întâmplă să respir un alt aer
sticlos, lipsit de volum,
furat din apsele castelelor burbone
din sacii doldora de straniul nunţilor din Cana.
Vocile ni se pierd în coridoare de nuc,
străjerii de gardă dorm între frunzele palmierilor
exhal
cu zgomot de ţeavă spartă
fumul unor maşinării proaspăt inventate
ce ne fură cristalinul,
căpruiul de peste pleoape...

Peisaj cu capre

Optica stă ghemuită la marginea insomniei,
wiki e un cuvânt hawaian -
înseamnă repede sau poate pădure de rozmarin,
depinde de starea mea de spirit,
de caprele care îmi scotocesc trecutul
căutând simboluri cu floarea de crin,
adulmecând cravata pe care am purtat-o la prima
noastră întâlnire,

împrumutată, desigur,
ca să par mai sănătos,
plin de aerul înalt, ecologic corect
al intelectualităţii postbelice.

Ussais

Ussais păstorul
deapănă fire de zbucium.
Sub el nisipul ia formele unei răscoale,
scutul din lemn aşteaptă resurecţia,
femeia-i cară apă în gură
ca să aducă un strop însetatului,
verdele ochilor ce se pierd în zare.
Ussais... strigă ecoul.
Ussais... freamătă calul alb în spume,
dar barba poetului se înfioară.
Câtă frumuseţe e în grădina mea... zise Ussais
şi goni fluturii ce i se roteau în jurul burţii.
Alese unul care îi semăna leit şi îl băgă în gură.
Rămase extatic cu o aripă lipită de buza inferioară
până se stinse şi ultima zbatere.

Scrisori Arse

Egalitatea este o falsă iluzie îţi spun, sunt egal cu tine doar în pat, când te las să te urci cu papucii în picioare fără să te demachiezi, râzând şmecheră, cu buza de sus care tremură un pic de emoţie sau de durere, căci ţi-ai smuls cu penseta cele 2 fire de sprânceană încăpăţânate ce ne deranjează în timpul sărutului de noapte bună, când îţi verific pijamaua mătăsoasă, nasturii bine închişi până la gât şi dau de pasta de dinţi din buzunare care se prelinge onctuoasă pe visul cu bunica fierbând magiun în oale smălţuite turcoaz şi noi gonind să aducem zahăr din pivniţa plină cu minuni, dându-ne brânci pe scările reci, jilave de la inundaţii.
Te întorci cu spatele la mine şi nu ştiu dacă e provocare sau o simplă formă de expresie posterioară unor întâmplări de peste şolduri. Mă refer la privirile unor bărbaţi ţintuite pe sânii tăi, apoi coborâte mai spre jos ca să cerceteze ce ascunzi sub pliurile fustelor tale minimaliste. Tu fentezi orice apropiere galantă cu un fluierat scurt şi o piruetă abilă învăţată de la şoferii de camioane. Nu vrei să faci copii, deteşti bărbaţii, specia asta explicit de insistentă în carnaţii pe care nu le pricepi. Preferi să te joci în ascuns cu păpuşi din pluş şi arlechini fără cap, rupând tot ce e legat de băieţi încă de la vârsta pubertăţii cu pistrui şi coşuri. Ai păstrat o singură amintire de la primul tău bal, o coroniţă de flori galbene decorată cu insigne de aviator, o cauţi uneori prin dulapuri ca să o calci în picioare, rostind printre dinţi numele unui cutare fost iubit. Nu ştiu ce a fost

între voi, dar scrisorile parfumate pe care ţi le trimite de ani şi ani le ard în sobă fără să le deschid, nu e politicos să citeşti corespondenţa altcuiva...

Mireasa Mecanică

După ce s-a stabilit o nuntă (חתונה),
ginerele să culeagă cărbuni,
să pună uimire în voalul de tablă,
ochi de jar, păr plin de şoapte.
e oare femeie? e oare şarpe?

Warning: să nu cobori din locomotivă !

nu, tată, nici nu o ating,
atît de delicată şi fragilă… (שביר)

fiulc, femeile vor să se mărite,
să se mărite,
să se mărite...(time out error)
cum stau plăpânde pe cumpăna apelor,
dar nu o cer niciodată.
se îmbracă în mătase de straie albe,
un fel de alarmă de semnal
de felinar de afumat în noaptea fermecată.

şi noi, ce facem tată?
le dezmierdăm, le iubim…(אהבה)
dar au motor?
3 cai
2 chevaux
one horse

Lacrimi explicite

Ne-am oprit brusc din fuga aceea haotică, hotentotă, lepădaţi de orice direcţie palestră pentru că auzeam un song care creştea din pietre, pietre se urcau pe picioare şi dădeau rădăcini în noi, cu suculenţe melodioase. Ne creşteau aripi înăuntrul figurii tale domino. Mi se goleau toate reziduurile neplivite în anii de secetă şi tu râdeai scufundându-te în cuşca sufleuruluifăcând semne de punctuaţie cu mâna pe care deja o înfulecau nişte muncitori forestieri lacomi de vorbe, buni tăietori de abandon, ascuţiţi la minte de aerul autohton plin de zicale ilicite. Râdeam cu ochii de porci dresaţi. Să te trezeşti fără motiv în lacrimi de petrol, să încaleci o iapă tânără în vis, ce lux mi se pare croaziera aceea în care ne-au găsit pitiţi în dulapuri beţi morţi, cu penele roase până la capătul os.
Erai atât de frumoasă în braţele căpitanului, aveai chipiu cu buline roşii viagere, dezordonată de atâtea şi pe dincolo iubiri...

Voci

Să fiu atât de aproape de vocea ta.
întotdeauna m-au uimit vocile, suprapuse
ca şi cum,
poate nu ai să crezi, dar le visam 2 zile la rând.
ultima dată tu -după un zid- un fel de întâlnire,
mai multă lume te privea,
şi eu.
apoi singuri
într-un debut de dragoste,
ne-am scos întâmplările la vedere,
ne-am scos cămaşa pe cap -
a ta bej cu benzi de sunet
descheiată la mai mulţi nasturi.
aş fi putut circula
într-un singur sens
vezi bine.

***

vocea ta trece printr-un filtru
ca o iubire posesivă la capătul unui tunel prăfuit,
cu ţevile opărite de orgă,
date cu zel la acordat solfegii.
dar nu te aud.
concertul stă suspendat din depresia corului,
actul III cu balerine, zgribulite de frig

***

al dracului să fie cel ce nu va cunoaşte
înaintele, din spatele, stânga, dreapta, toate cele
şaptele sfintele adâncimi, dedesubturile, dedeasupra, cât
încape între palmele mele arse de scris, de voci...

***

un copil în spital, plângea şi nu mânca, plângea şi nu râdea.
îi părea rău că nu are să-mi dea o fotografie cu el ca să fim
prieteni, nu plângea la injecţii doar la masă când se simţea
foarte singur şi îi îndesau mâncarea pe gât ăia cu halate
mari albe şi mi se punea în poală să îmi spună că nu are
mamă. mama era o pată de cerneală neîncăpătoare, zicea.
dar avea un tată care venea la el foarte rar la spital şi
copilul ăsta era îndrăgostit de un camion albastru
cu obloane închise şi înăuntru scrisese "pentru cărat
amante". când am plecat şi-a pus mânuţele peste gâtul
meu şi mi-a zis cu o voce albă: la revedere, la revedere,
cu faţa plină de zâmbete de parcă el pleca şi eu rămâneam
pe peron zdrobită, nici nu ştii în ce hal sunt...

Cum iubeau bunicii

Bunicul:

Cum atingi coarda sensibilă a plăcerii voluptoase,
înot în noapte la lumina lumânărilor.
Eşti aici? Incertitudinea induce o stare onirică,
vreau să pătrunzi fraudulos în spaţiul meu intim,
elegantă, plină de mici, şarmante perversităţi.
Să stai la picioarele mele desfătându-mi tarsienele.
Să-mi oferi parcimonios caliciul, ţinta oricărui bărbat,
să rămânem nebuni, dar altfel, să râdem unul în celălalt.

Timpul se scurtează, scrie Dino Buzatti, de acei ce aleg
insomnia. Chiar fără clopote simt ziua crispată pe marginea
ceasului, o magmă vegetală bântuie casa ta, uite, eu strivesc
senzual în dinţi un bob de strugure copt. Simţi savoarea?
Sunt atât de bogat acum în atingere, în simţurile mele...
tu mai goală decât Luna. S-a făcut brusc dimineaţă...

Scrisoare de la Bunica:

Ca un fulger îţi simt plecarea,
simt depărtarea ta ca o despicare,
o lamă de brici care taie talazuri,
un nod în gât cu gustul verii noastre, mai ţii minte?
"Trenurile care pleacă sunt aceleaşi care vin,
gara e o simplă gară, doar oraşul e străin…"

La operă:

Bunicii mergeau adeseori la operă. Mozart, Rossini.
Seri colorate, brăzdate de unduiri de dantele şi mătăsuri.
Trenul opreşte în gara unui sat oarecare, pe scenă,
Zerlina şi Don Giovani fac dragoste sub felinarul pieţei.
Aria "În Spania are 1003 amante",
îl irita în mod deosebit pe bunicul. El nu ajunsese
la nici măcar 13. Dar încerca asiduu. Era de datoria lui.

Boala bunicii :

Alunec pe scara turnului, mă preling, am febră, frisoane
mă întreb ce caut în camera dinspre răsărit, când sufletul
meu apune, clipa are un gust sălciu, vârcolacii rup din mine
bucăţi întregi de rouă, nu mai am aer, lespedea e atât de
rece, bărbate şi eu încă nu am învăţat să fiu...

Bunica lui James Joyce:

*"I put my arms around him yes and drew him down
to me so hecould feel my breasts all perfume yes
and his heart was going like mad and yes I said yes
I will yes."*

Flori de Gunamar

Galiei

Păcat că nu mă vezi, cum stau cu paharul de vin în stânga, cu tine în dreapta pe genunchi şi cum te bat uşurel la fund, te cert, îţi controlez chiloţeii, lecţile făcute, caietul de sarcini. Zâmbesc mulţumit. Ai făcut bine zic, îţi dau o bomboană cu miere, tu zici: dar nu are formă de inimă, papa şi ştiu că ai dreptate. Îmi dau lacrimile trăznit de relevaţia unei vieţi irosite pe gratis la cinematograful Timpuri Noi sau luând notiţe stupide la lecţia de învăţământ politic când ne ardea de femei şi de scandal, nu de Lenin. Tu erai încă un proiect vag în burta mamei şi nu îţi pot reproşa căderile mele, plecările mele, neliniştile între 5 şi 6 când mă învârteam prin salon în pantofii mamei şi nu ştiam dacă voi fi bărbat sau o arătare fără sex, fără viitor, un fel de Rasputin blând cu ochi de oaie vândută la kilogram. Şi câtă nevoie aveam de tine şi ce târziu ai venit într-o inconştienţă egală cu tine însuţi, cu nuri şi flori de gunamar, pipetând aripi de molii pironite pe loc şi să mă ia dracu dacă pricep cum m-am împletit cu tine atât de esenţial, atât de tulbure că nu mai pot respira, nu mai pot dormi, nici măcar regurgita boabele de lumină cu care mă hrăneşti prin fontanela de om sucit ce sunt fără de tine…

Ultraviolet cu padre Joe

Când am visat un bătrân violet nu ştiam unde mă aflu. ştiam că de departe se auzea o muzică spiralată, un preludiu al punctului hotărât de o trâmbiţă a îngerilor apocaliptici. şi ştiam că bătrânul îşi împingea, unul câte unul degetele în coastele mele şi la fiecare deget rupt mai murea o femeie de pe acoperişul rotund al bisericii negre. la fiecare strigăt al meu, medicii suspinau dorindu-şi un asemenea specimen sub mănuşile lor sterile, ca efect special pentru ţăranii ce îi cred zei. eu şi bătrânul stăteam departe unul de celălalt, dar ne unea o culoare rară pe care nu a surprins-o nimeni prea bine, violetul de ankara, sau plămânul rănit. Se făcea că, împreună, uniţi de mâna lui în sternul meu, treceam prin burguri în care brazii păleau deprimaţi. se făcea că stăteam într-un echilibru fragil pe două roţi fugite dintr-o bicicletă şi gondolele zburătoare, trase de spirite de curtezană, ne îmbiau să facem dragoste în ele. pufuri de păpădii pământii, ciorapi din foiţă de aluminiu, mărgele de pământ ars şi frunze cu roua ca vinul nou de Malaga. peste toate, îngrămădite ca în orgie, nişte păpuşi cu ochi de cireş foarte amare, foarte roşii, îmbiind la gustare. ne oprim la turci, acum câteva istorii, să învăţăm să bem cafea direct dintr-o plantatie cucerită şi recoltată cu iataganul, mai apoi dansăm pe acelaşi picior de sultan.

E frumos să fim doar noi violeţi pe această lume. Păcat doar de satul deprimat pe care l-am părăsit când am realizat că nu suntem şi noi albi, negri, galbeni, roşii. păcat, păcat, ei încă mai cred în lanţurile rozetei de culori. padre, nu avem voie să folosim creioanele de colorat oameni?

***

Cum îmi luneci printe degete ca un peşte unsuros, agil, nu o femeie cu coaste şi buci, ci ca o trompetă alto, un fel de felie de pâine din care muşc cu poftă, presărând usturoi pe măsele, mestecând încet încet ca bunicul Joe care nu avea dinţi ci doar un baston de abanos şi pofte absconse. ooo, cum ofta dragul de el la circ când vedea pulpele dansatoarelor golaşe, mascate toate în mantale de război kaki, cu medalii de piele moartă mimând penisuri de generali vestiţi şi tu, singura mea speranţă încă în viaţă, mă părăseşti pe malul celălalt, plecând cu iubiţii tăi negricioşi şi virili, aviatori sau simpli acrobaţi de după-amiază, când ţi se cumpără vata de zahăr linsă în doi, suportând ciupeli, ocheade cu alte femei cu sâni mari şi lalele în buric, purtând ochelari, sandale fără ciorapi, corsete fără fermoar. doar bucurie aveai în ochi şi speranţa unei mari victorii, un fel de cununie cu iele, după o spovedanie vicioasă, zisă unui preot surd care repeta ha?ha? şi tu ziceai nimic, padre, e o simplă vineri, sunt încă fecioară, padre, încă tânără, încă fragedă, nebiciuită, doar dusă pe sus de valurile unei vieţi cu care nu ştiu ce să fac padre, învaţă-mă...

Amprente

Ţi-ai lăsat amprentele la vedere
ca să te găsesc în noapte
pipăind ecoul ce spintecă
cu gheara de metal
însingurarea

Apoi alergam în grădini să privim
cum aripă după aripă
cădeau meteori
lăsându-şi urmă răzvrătirea
în noi tăcerea...

12 -13 marinari

Într-o zi m-am sculat mort.
clopoţelul legat de degetul de la picior suna a marş funebru,
câteva domnişoare plângeau scrobite la marginea iazului
decapitând din moştenire rochii şi funde.
dropiile anunţau începutul sezonului de vânătoare.
cum să te cuceresc când am culoare palidă de eclipsă?
cum să aduc nori de marţipan în bucătaria ta plină cu
fantome ?
mă întind mai comod sub pietre, muşc din lemnul
rădăcinilor
ce cresc în mine surde. mă numesc acum
Natsuke Tajiro, sunt sluga ta imperială, învăţ să mişc
evantaiul de mătase gonind gâzele delicate de pe faţa ta
albă,
pudrată de curtezane tinere, ca o broderie adusă în vis de
12-13 marinari, gemând să ajungem la vreun ţărm…
vâsleam ca un pitic pe viaţă şi pe moarte,
viaţa mi se părea o comedie cu ciucuri mov,
ciorile strigau cu acustica unui motet în bolta acută:
dispari, allegro, vicleanule...

Vellum

Bocancii musteau apă adusă de vânturi,
te vedeam îngreunată de alge zbătându-te să agăţi o ancoră
de gleznele mele.
nisipul se scurgea fluid din buzunare.
afară ceaţa alerga pe ruine, lunecând pe zidurile burgului
adormit.
între degete ne creştea un hamac,
priveam cum ne cuibărim în el
cu zgribulite mişcări tectonice.
ai zis: unde suntem?
în oglindă nu era nimeni.
am zis: în acelaşi loc.
şi se făcu ziua a doua.

Facerea lumii

Aş vrea să te îndrăgosteşti de mine,
să alergi desculţă după umbra mea,
prin ascensoare cu miros de răşină,
să mă cauţi printre jucăriile copilăriei tale.
aş vrea să dormi în urechea mea,
să mă găseşti ascuns în paravanul după care
te dezbraci de gânduri limpezi,
să putem lua un tramvai în lumina Lunii
presărând miraje la staţiile cu bănci din lemn
pe care se sărută toţi trecătorii
înmugurind,
ascultând în căşti
discursuri despre facerea lumii
din nou...

Destăinuiri

ţi-ai făcut jucăria din flori de tei,
ai băut ceaiul cu frunze mari ce vestesc iubiri.
căpitanul te aşteaptă nerăbdator în culise
fumând o ţigară de foi
furată decuseară de la un condamnat la moarte.
face fum, rotocoale enorme
în formă de inimă,
în zig zag dacă se straduie şăgalnic,
cu poza împăratului dacă e vreo sărbătoare
şi niciodată nu bate în uşa ta cu cizma.
mă pune pe mine
să latru
în locul lui.

****

jocul începe cu un geamăt.
ne-am scos pantofii
cu un gest arăbesc ca să pătrundem în moschee,
te căutam sub icoane, o madonă răsucită pe cal.
apoi presărăm tămâie şi iască, clorofilă şi fum
pe treptele ce duc înapoi.
din spate ne prigonesc iele,

cu apă otrăvită de bănuţii aruncaţi în fântână.
în secolul ce nu vine
m-am aşezat lângă tine,
miroseai de mult a dragoste
şi am aşteptat...

Ariciul toamnei mele

Azi am văzut un arici mort în iarba toamnei mele.
Zăcea părăsit, abandonat de prieteni într-o nepăsare ruptă din Goya.
M-am aşezat lângă el în reculegere, ochiul meu privea înăuntru nefericirea existenţei.
Să ai ţepi. Să nu fi mângâiat.
Să nu te poţi apropia de soţie în zilele de molimă.
Prietena mea a fugit de mine cu o altă femeie.
Deduc:
regnul homosapiens are ţepi. Dimensiunea olfactivă se pierde în staţia de benzină unde totul e octanic.
Repet:
îmi dau lacrimile de la ariciul acela.
Avea o familie, pui, un rost social şi altul genetic.
Avea oare bibliotecă ?
Oare ce citesc aricii iarna?
Latifa, prietena prietenului meu
ronţăie alune cu bere şi citeşte Cehov,
dă din picioare lungi de plăcere, sub ochelari rouă.
Invitaţie:
dacă invit o colegă la o cafea devine arici. Femeilor le este frică de sentimente. Mai bine singure şi triste.
Am să-mi caut altă prietenă, veterinar, să îmi explice ea de ce mor toamna aricii.

Boli acute fără de leac

Pacienta din camera 46:

Doctore, să aduni toate cuvintele şi să mi le strecori sub piele,
cu o seringă invizibilă, să nu simt acul.
Ca un drog, nerostitele vorbe să îmi
răscolească perimetrul de ceară.

Asistenta în halat negru:

Femeia asta a trecut pe lângă un descântec,
o ţine cineva de mână, are urme de muşcături,
frământă ceara lumânărilor ce iscodesc noaptea.
Uite cum contemplă golul rămas, nu are linişte, sărmana.
Poate să ia foc în orice clipă, să reînvie din cenuşa
zilelor arse de joaca vieţii...

Consult cu periscop :

e iarnă
mă creangă
mă drum zănatec
e o boală-petală
de dinlăuntru-n-afară
e ghem de foc
e undoitreipatru respiră

nu albastru
nu tăcea
zii aaaa...
trăieşte măcar pentru mine
uite te ciup de glezne
de policarp
amestec amintiri din plete rebele
când zmeura era zmeură
când sărutul avea gust de sărut
când când ecoul îţi descheia bluza cu degete desărutate
când ne zâmbeai cu zâmbet de vietate...

EKG (pacienta depusă pe catafalc):

Ţi-au adus electrod de aramă pe o frunză de plop,
inima ta pulsează pe masa de disecţie,
îţi trăim întâmplările de la rădăcina unghiei
până la clipitul genelor.
Am găsit înăbuşite primele iubiri
şi ultima ta zi în grădini neatinse,
patimi cernute, gânduri aprinse...

Verdict patologic :

Adâncimea căpruiului e insuportabilă.
O adulmec ca pe o fiară tânără,
dar nu găsesc, nu găsesc nicăieri
rădăcina ce ne despică
şi adâncitura tălpii

care cerne neaua proaspătă
din ieslea întâmplărilor.

Rameau:

"Omul este surd până în momentul în care i se taie o ureche."

Eloise tu devii o pasăre albastră

Te simt în regiunea ființei mele
cuibărită zgriburit în literele numelui meu.
ți-ai pus penele de iarnă,
ai citit Coranul înainte de culcare
și muști din măr cu voluptatea unei gazele.

Eloise, el nu va veni niciodată,
e doar un personaj oniric furișat în iatacul tău.

Eloise, doar ți-am dat bani de pantofi și geantă de crocodil
de ce pășești desculță prin lagune mov?

scrumiera ta e plina de Juan Gris,
Giacometti e plecat la vânătoare de corbi,
lumina din camera ta e umbra ta,
ecoul unor coji negustate
din mărul crud echivalent...

***

Louis, tu ești prea tânăr pentru vise.
eu trăiesc adânc și crud în ele
ca o pasăre canibală îmi ciupesc penele
și le arunc înspre soare.
măcar ele să zboare,
eu m-am oprit la pantofii din piele de crocodil,

mă apasă geanta peste coapse
mai greu decât sternul oricărui bărbat.
Louis, mama îmi cânta despre tine înainte să adorm
când eram acel unicorn fericit al lui Dali-
atunci, greutatea unică era inocenţa.
zalele mi le-au dezbrăcat în violul public,
mama plângea despletită şi blestema că m-am născut
femeie,
tata îşi acoperise deja ochii cu palma lui grea

Louis, niciodată nu am gustat merele coapte ale
paradisului,
m-am născut cu coapse de călăreaţă îndrăcită prea
devreme.
Louis, dormi uşor, dormi ca un făt
eu veghez să nu spargă tristeţile zăvorul
şi glasul mamei cântând
Louis, Louis veghează-i pruncului meu somnul
nani, nani pui sfânt...

După concert

după concert ne întindeam pe o blană mătăsoasă aruncată pe podea îţi scoteam sandalele şi te masam la degetele tarsiene, îţi puneam o pernă sub cap că să putem privi cerul cu năluci...
mă ţineai preventiv de o mâna dar cu cealaltă îţi descheiam nasturii de la bluză îţi scoteam sutienul negru şi luam sfârcurile calde în gura mea flamândă..
mă podidea gustul de lapte şi copilărie ..scrânciobul bunicii, curtea cu nuci mari, stufoşi, tu te ascundeai în scorburi, te căţărai că o maimuţică agilă în cel mai înalt pom şi eu de jos şiret, mă făceam că studiez nucile coapte privind sub fustă.. apoi am crescut şi ne-am despărţit, tu te-ai făcut o femeie frumoasă ,dorită, eu învăţam să scriu poezii din vorbe simple, cât să îmi treacă anostul înecat de berea de la ora 5, şi aşa trecea o zi fără afecţiune, dar mă amăgeam că eşti undeva, că faci acum dragoste cu un bărbat fascinant, care te poartă în braţe, în puf şi în clipocit de baie lascivă cu spumă, că te laşi în voia lui, plutind că într-o iubire de sfârşit de viaţă, în care pui toată nostalgia ta, de la jucăriile copilăriei şi până la ultimul şal tricotat bătrânelului cu care îţi sfârşeşti anii, cel cu care ai avut copii şi clipe în care inima îţi băte că o locomotivă intrată în gara tuturor fericirilor şi îmi zic că toţi merităm această nirvana, măcar o zi, o singură dată în viaţă, măcar să simţim reveria apropierilor totale care nu se întâmplă

pentru că nu avem curajul să ne oferim total, şi nu abstractizăm destul, şi nu gonim fricile, demonii albaştri care ne bântuie cortexul, trupul, respiraţia la capătul unui drum rămânem iarăşi singuri, mai bătrâni cu o iubire searbădă, tot mai decepţionaţi de cei din jur, deşi e numai vina noastră, a mea că nu radiez destul atracţie, că nu mă simt iubit şi dorit.

Probabil nu avem ce oferi, doar un trup şi o minte .. cine are nevoie de noi când în jur sunt milioane care se agită la fel căutând şi pierzând la încercarea de a fi doi, care pare atât de insurmontabilă, ca un zid vertical înalt până la cerul alb din ochi.

CUPRINS

EDITURA
SAGA

ISBN 978-1-387-27245-7
90000
9 781387 272457

www.ingramcontent.com/pod-product-compliance
Ingram Content Group UK Ltd.
Pitfield, Milton Keynes, MK11 3LW, UK
UKHW020127250726
13967UKWH00002B/517